LONGTEMPS L'ALLEMAGNE

Pour Michael Gnast-Cojocaro

9.11.09

Alain Lance

LONGTEMPS L'ALLEMAGNE

*Nouvelle édition
revue et augmentée*

TARABUSTE
Editeur

à Milan, un jour

Allemagne. Ce mot que j'entends dès le premier mois. Ou Allemand, peut-être. Les Allemands, au pluriel. Mon père les observe à la binoculaire, quand la ligne Maginot s'enfonce dans la neige. En décembre 1939, il obtient une brève permission pour la naissance de son fils et revient une fois encore au début du printemps. Puis surgit le désastre au temps du lilas et des roses. Nous attendrons quelques années pour nous revoir. En juin 40, les routes vers l'ouest et le sud qu'avaient empruntées quatre ans plus tôt les joyeux cyclistes des congés payés du Front populaire s'engorgent, cette fois, de cohortes en fuite, sous le soleil et la mitraille. La famille maternelle normande me fait accomplir, avec quelques arrêts, l'étape Rouen-Laval en poussette. De braves gens qui ne perdent pas le nord vendent l'eau potable à leurs compatriotes en débandade. Au même moment mon père, fait prisonnier du côté d'Epinal, entame, avec des dizaines de milliers d'autres vaincus, une longue marche à pied vers la frontière de l'est.

À la frange du défilé sans armes coupant la ville vers l'est, personne sans doute n'aura prêté attention à cet homme qui s'écroule, étourdi par le soleil la faim ou la défaite. Dans la boutique ombreuse, un sucre imprégné d'alcool de menthe va lui redonner des forces, dit la mercière qui repousse mon père sur le seuil, vers l'interminable colonne qu'escortent distraitement d'autres uniformes. Elle, lui : ce pays muet dans la gloire du jeune été quarante.

Les Allemands sont partout, leurs chevaux, leurs camions, leurs tanks, leurs side-cars ont franchi rivières et fleuves. Je les retrouve à Paris où ma prime enfance se déroule entre mère, grand-mère et cousine. Chaque soir, quand l'une d'entre elles me porte au lit, je dois d'abord embrasser la photo d'un maréchal des logis, mon père, m'assure-t-on. Prisonnier des Allemands, ces hommes dont je vois parfois les uniformes le long des grilles du Jardin des Plantes où ma grand-mère me promène.

Dans la première moitié des années quarante, mon espace familier se limitait à un minuscule territoire bordé par la rue Vauquelin au nord, la rue Berthollet à l'ouest et, vers le sud, le carrefour Monge-Gobelins. L'oncle André, ébéniste talentueux devenu, on ne sait pourquoi, agent de police, habitait rue Claude Bernard, la grand-mère paternelle logeait au bas de la rue Mouffetard, dont la pente traçait à peu près la frontière de l'est. J'habitais rue de l'Arbalète, adresse qui demeura encore longtemps la mienne. Parfois, avec ma grand-mère, je franchissais les limites du petit univers pour aller jusqu'au Jardin des Plantes, voir les ours blancs ou bruns dans leur fosse et les singes au cul nu dans leur cage. Nous passions devant la statue de Buffon, qui accueillait souvent un pigeon sur son épaule ou sa tête. Pourquoi ai-je longtemps cru que cette silhouette représentait le Bon Dieu ? Il eût fallu sans doute un père pour m'entraîner dans de plus lointaines expéditions, mais le monsieur en question était encore retenu dans un stalag du Palatinat. Le déroulement du temps était marqué, dans les conversations de la mère, de la grand-mère et de la cousine, cette trilogie féminine aux petits soins pour moi, par les nouvelles qui parvenaient du prisonnier, par les soucis de ravitaillement, les bombardements et l'alternance du soleil et de la pluie. Le temps météorologique revenait souvent dans les remarques de ces femmes et, dans cette période rationnée où, lorsqu'on parlait de saucisses, il s'agissait plus souvent de ces gros objets gonflés flottant au-dessus des toits pour gêner les attaques aériennes que de ce qu'on trouvait dans une assiette, il semblait pleuvoir souvent, et fort. Il pleut encore à verse, marmonnait l'alerte grand-mère (qui fut cantinière d'un régiment de zouaves à Tunis en 1900) avant de saisir son parapluie pour descendre aux commissions. Parfois j'entendais l'une ou l'autre des femmes qui veillaient sur moi dire avoir rencontré une amie ou une vague cousine ou nièce en un lieu proche du quartier, dénommé *À verse toujours*, ce nom m'intriguait. J'ai fini par penser que, non loin de chez nous, existait une espèce de microclimat encore plus arrosé que celui de la Normandie, terre natale de ma mère. Et un jour, je crus en avoir la confirmation. J'étais avec ma mère, arrêtée au bas de la rue

Claude Bernard pour bavarder avec une de ces précieuses informatrices qui savaient où trouver du beurre au marché noir, dans l'arrière-boutique d'un cordonnier par exemple. Et, alors que le trottoir où nous nous trouvions était sec, j'ai vu, à quelques dizaines de mètres, de l'autre côté du carrefour, une bourrasque de pluie balayer la chaussée. Alors c'était donc là cet endroit fréquemment arrosé, ce coin de la ville où il pleuvait, à verse, toujours. Ce ne fut que bien plus tard – peut-être commençais-je à lire – que j'ai déchiffré, à cet angle de rues, l'enseigne du café : *À verse toujours*. Si l'établissement, plusieurs fois rénové depuis la fin de la guerre, porte encore ce nom, il n'est pas sûr que sa devise incite les consommateurs à commander, comme naguère, une nouvelle tournée de Saint Raphaël ou de Dubonnet, car la convivialité n'est plus ce qu'elle était, bien sûr. Il n'empêche : jusqu'à la plus récente rénovation, on pouvait encore y déguster, pendant les mois en r, d'excellentes huîtres.

Dans le pays désarmé, occupé, je disposais d'une petite garnison : quelques soldats de plomb que j'alignais pour des défilés sur le parquet ou le lino de l'appartement au cinquième, dans le cinquième. Il y avait des chasseurs alpins en bleu ou de banals fantassins en kaki. S'il faisait beau, j'organisais des manœuvres sur le balcon. On raconte qu'un jour j'ai laissé tomber ou ai jeté l'un des pesants guerriers à travers la balustrade et qu'il a atterri, sans parachute, sur le trottoir devant l'immeuble, à courte distance d'un soldat allemand qui déchiffrait peut-être une affiche apposée sur le décrochement du mur. L'attentat manqué n'eut pas de suites inquiétantes pour la famille. Une autre fois, c'est dans l'appartement même que j'eus l'occasion de présenter quelques spécimens de ma troupe à un autre soldat ennemi, parent de la sentinelle du stalag près de Trèves où mon père était prisonnier. Accompagné d'un camarade vert-de-gris (rassurez-vous, Madame, mon ami ne comprend pas le français, vous pouvez parler librement), il était venu donner à ma mère des nouvelles de son mari. Et lui annoncer celle-ci, à peine croyable : par un heureux concours de circonstances, Lulu était sur le point d'être libéré. Il serait prochainement rapatrié. Quelques semaines plus tard, j'accompagnai ma mère à la Gare de l'Est pour accueillir le revenant. J'avais en tête l'image d'un fringant sous-officier d'artillerie, photo prise sur la ligne Maginot pendant la drôle de guerre. Ma mère se précipite pour embrasser quelqu'un, elle en perd son chapeau. L'homme est grand, maigre, dans un accoutrement mixte qui n'a rien à voir avec le bel uniforme de la photo. Il paraît que j'ai demandé où était l'autre papa. Ou peut-être : Qu'est-ce qu'il va dire, l'autre papa, quand il va revenir ? Les retrouvailles avec l'inconnu commençaient donc plutôt mal. Pendant quelques mois, j'ai d'ailleurs difficilement supporté l'intrusion de cet homme pas très patient qui se mêlait de mon éducation et venait troubler l'idylle du ménage à quatre dont le gamin jouissait au milieu des malheurs du monde extérieur : mère, grand-mère, cousine et lui. L'allégresse des journées de la Libération de Paris va coïncider avec le dépassement du conflit. Je me souviens justement d'un autre défilé, quelques semaines avant l'entrée des chars de Leclerc dans Paris. C'était le 14 juillet

1944. Nous nous promenions avenue des Gobelins, mon père, ma mère et moi. Un groupe de jeunes communistes avait organisé une brève manifestation, lançant des slogans hostiles à l'occupant et au vieillard de Vichy. Avant de se disperser, ils avaient lancé à la volée des petits drapeaux tricolores en papier qui jonchaient encore le trottoir de l'avenue. Depuis le débarquement en Normandie et la progression des troupes alliées, le climat dans la capitale avait changé, la Résistance préparait l'insurrection. La police, qui ne faisait plus de zèle, avait pris tout son temps pour arriver sur les lieux. C'est l'occupant qui s'est chargé alors de rétablir l'ordre : un cordon de militaires allemands, mitraillette au flanc, a descendu l'avenue des Gobelins, ratissant la chaussée. Lâchant alors la main de mon père, j'ai couru vers le bord du trottoir pour assister à ce défilé et, comme je l'avais vu sur mes livres d'images, je me suis mis au garde-à-vous au passage des soldats, brandissant sous leur nez un petit drapeau que j'avais ramassé. Le geste pouvait être interprété tout autant comme un salut que comme une provocation. Mes parents, en tout cas, n'en menaient pas large, et c'est ma mère qui est venue timidement me chercher en adressant le sourire le plus aimable aux hommes *casqués bottés bien élevés.* Après une brève hésitation, ils reprirent leur marche lente, menaçante. Mais plusieurs d'entre eux pressentaient déjà sans doute qu'ils ne resteraient pas dans cette belle ville jusqu'à la fin de l'été.

C'est un des premiers jours de juin 44. L'enfant s'étonne que le train s'arrête en rase campagne normande. La courbe de la voie permet d'apercevoir les wagons de queue. Sur le talus, deux hommes parlent des Américains tout en scrutant le ciel. Un groupe de soldats allemands, l'un d'eux semble très jeune, longe lentement le ballast en direction de la locomotive. Soudain tout va très vite. Au creux du silence, qui a effacé les bourdons et les oiseaux, un ronflement lointain grandit. Quelqu'un a crié : ils arrivent. Le pré qui sépare la voie ferrée d'un petit bois est envahi par une foule désordonnée. La mère s'enfuit, éparpillant dans les hautes herbes valise et sac à main. Le père court derrière elle, portant l'enfant sur son bras gauche et ramassant de l'autre main les objets qu'elle a abandonnés. L'enfant voit des point noirs grossir dans le ciel bleu. Ils se sont jetés à terre au moment où retentissaient les premières explosions. Les engins sont passés, effectuent un long virage loin derrière le train. Il faut courir jusqu'au bois, dit le père. La mère ne voudrait plus bouger, rester le visage enfoui dans l'herbe tiède. Il arrive à l'entraîner et quelques secondes plus tard ils se jettent à plat ventre sous les premiers arbres, dans la mousse et l'humus. Les avions sont revenus. La terre pleut, les branches dégringolent sur eux. Le père et la mère sont couchés sur l'enfant. Plusieurs fois il leur demande : est-ce que vous êtes morts ? La terre ruisselle dans son cou. Enfin le silence revient. Les avions sont repartis. De la terre bouleversée émergent de longues douilles jaunes. A l'endroit où ils s'étaient aplatis pour la première fois, s'ouvre un entonnoir de deux mètres. Des gens hébétés sortent des taillis. Dans une clairière, un cercle s'est formé autour d'un homme affaissé sur un tas rouge sombre.

Tout cargo navré s'annonce brumeusement. Un train peut en cracher un autre. J'appris à lire par un lumineux octobre et la guerre, je croyais déjà l'avoir oubliée. Robic, hargneux et casqué, n'avait pas encore conquis le maillot jaune dans la côte Sainte Catherine.

Rouen, gare rue verte. Vertes les tours de la cathédrale. Le grand-père couvreur était toujours vêtu de noir dans la blanchisserie de sa femme où le poêle ne s'éteignait jamais. Les pavés de la cour, rue Jacques le Lieur, étaient bleuis par les eaux des lessives. Bleu plus intense de la verrière où les cloches de Pâques avaient fait des dégâts en laissant tomber des œufs en chocolat.

Quelques mois plus tard, d'autres objets descendraient du ciel, après quoi on ne pourrait plus faire la part du toit, des outils du grand-père, du piano de la cousine, du pressoir à cidre et des draps repassés pour les bordels du quartier, bons clients de l'entreprise familiale.

Ville où je reviendrai plus tard, mais pourquoi y parlait-on si souvent de sa rivale régionale ? Le Havre demeura longtemps une énigme pour moi : son nom, prononcé avec l'accent normand, dessinait dans mon esprit des amas de gravats, de hauts murs froids devenus verdâtres en leur base, peut-être à force de prendre l'eau par les caves ? Rien de la brise océane, mais un vent avare dans l'ombre sinistrée.

Bombes, ruines, exode, prisonniers, que n'ai-je entendu ces mots sous la rituelle pluie des lieux. Longs repas du dimanche sous la photo de l'oncle Raoul qui, tombé à Verdun, n'avait pu vivre la fin de la précédente tuerie. Ces lugubres souvenirs, brièvement mais régulièrement convoqués, donnaient aux survivants du cœur au ventre et aux fourchettes un nouvel élan.

T'aim'ti les huît' ? Ils mangeaient les mots, parlaient en mangeant. Après la langue sauce piquante, le gigot. Et comme dessert, le menu écrit à la main par la marraine annonçait des œufs en neige. Tu vois, comme c'est bien quand on sait lire, ma crotte. Parfois pourtant, les nuages se disloquaient. Nous montions sur la colline dominant le fleuve. Je savais que les cargos n'iraient pas plus loin.

L'été devrait revenir mais l'air est gris et la ville vide à pleurer. Arrêté sur le trottoir opposé, il s'est adossé au mur pour laisser lentement errer son regard sur la façade dont toutes les fenêtres sont fermées, sauf celles d'un des appartements du deuxième étage. Du fond de la pièce arrive une femme, jeune encore, coiffée à la garçonne. Comme si elle avait ressenti quelque menace, ou tout simplement agacée par l'inconvenante curiosité de cet observateur posté en bas de l'autre côté de la rue, elle s'empresse de refermer les croisées. Lui, souhaiterait traverser, franchir la porte, pénétrer dans le petit vestibule sombre, monter jusqu'au cinquième – à chaque étage un peu plus de lumière – puis ouvrir là-haut une fenêtre de la cage d'escalier qui donne sur les cimes des acacias et le toit de l'école juive. Au début des années quarante, un autobus réquisitionné y était venu ramasser des enfants pour un voyage sans retour. Mais il ne peut entrer dans l'immeuble, car la fréquence des cambriolages est telle de nos jours que la porte de la rue ne s'ouvre qu'à ceux qui en possèdent le code. Il se souvient de la panique qui l'envahit il y a quatorze ans lorsque, devant abandonner l'appartement, il prit soudain conscience qu'il allait à tout jamais quitter le lieu de son enfance. Un instant, il eut même l'étrange idée de commander à un serrurier un double de la clé de la cave, ce qui lui eût encore permis de revenir clandestinement dans ce sous-sol légèrement humide où les habitants de l'immeuble descendaient se réfugier dès les premiers hurlements des sirènes. Dans les semaines qui précédèrent le débarquement sur les plages normandes, les usines et nœuds ferroviaires devinrent les cibles de bombardements répétés. À l'abri. Dans le ventre de la maison. Blotti contre l'odeur de cet homme revenu un peu plus tôt que ses camarades, tout simplement parce que, lorsque la bureaucratie du stalag a prévu de rapatrier cinquante unités, il faut bien remplacer à la dernière minute celle qui manque pour cause de décès. À l'abri dans la cave. Juste une petite peur, largement compensée par l'excitation du réveil en pleine nuit, les retrouvailles avec les voisins, manteau enfilé sur le pyjama. Installés dans la cave, ils attendaient la fin de l'alerte. C'était comme une veillée, avec ses taiseux, ses conteurs et son joyeux drille. Il n'a pas oublié l'odeur de métal et de cuir du casque de la défense passive qu'on lui permettait de coiffer, sous lequel disparaissait presque totalement sa tête d'enfant. Il était rare que la population de l'immeuble se retrouvât au complet dans la cave. L'irascible professeur de violon du quatrième, qui tyrannisait sa femme et faisait pleurer ses élèves, refusait une fois sur deux de descendre. Ou bien c'était l'une de deux voisines du sixième, aux noms curieusement si proches, Madame Noblesse et Madame Lenoble, qui résistait obstinément aux objurgations de la communauté. L'une d'entre elles gardait parfois l'enfant lorsque ses parents devaient s'absenter et que sa grand-mère n'était pas là non plus, ce qui était exceptionnel. Dans la salle à manger mansardée, il aimait jouer avec les fruits artificiels qui ornaient un compotier de verre aux reflets rosés. Il écoutait, installé sur les genoux de la vieille dame, les mystérieuses phrases qui sortaient du poste de TSF, souvent brouillées, parfois inaudibles. La voix s'éloignait, se rapprochait, s'interrompant pour une petite chanson ou pour les quatre coups de timbale qui répétaient qu'à Londres des Français parlaient aux Français. Il se souvient de la nuit d'été où, du petit balcon de la voisine, il regarda les gens de l'immeuble édifier à l'angle de la rue une modeste barricade avec des sacs de sable et des pavés. Souvenirs indélébiles de ces journées d'août. La liesse. Les bouquets de femmes sur les chars de Leclerc. Puis les cris d'effroi aux premières rafales parties des toits, les gens lâchant leurs vélos pour se jeter à couvert sous les automitrailleuses. Et plus tard, ces ennemis, encore tant redoutés quelques jours auparavant, grimpant dans les camions, l'air défait, mains en l'air ou croisées sur la nuque. Et l'image la plus troublante, la plus effrayante : cette femme, presque nue, crâne rasé, avançant au milieu des quolibets de la foule, protégée d'un possible lynchage par des jeunes gars en chemisette, mitraillette au poing. Plus tard, bien plus tard, viendra le désir de savoir ce que pouvait bien être ce pays, lié à tant d'étranges, de terribles événements. Ce pays qui avait si longtemps retenu loin de lui l'inconnu en uniforme, le rival dont l'épouse et la mère lui faisaient chaque soir embrasser la photo.

Du gros tank empêtré au tournant du bougnat
Le soldat noir a tiré du lait en boîte

Pluvier tu ressembles aux galets du rivage
Hibou ton plumage est un bon camouflage
Vieux caméléon tu imites le feuillage

Aile ouverte aux comptines de la pluie
Un pigeon reprend possession du toit

La guerre s'éloigne
L'enfant pose le tambour
Et prend son goûter

Les oiseaux de petit calibre
Explosent le soir dans les marronniers

La guerre s'éloigne. La guerre s'éteint chez nous. Elle va se rallumer dans de lointaines rizières. En 1946 je découvre la mer à Villers. Des prisonniers allemands sont chargés de débarrasser la plage des stigmates des combats du débarquement. Mon père leur propose des gauloises.

Je sais que dans le camp près de Trèves où il se trouvait, l'une des sentinelles, Hermann, était un brave type. J'apprends aussi que dans la ferme du Palatinat où mon père avait été envoyé, en kommando, les paysans avaient bien traité ce Parisien pourtant si maladroit avec les vaches. Le fermier s'était même fait réprimander par le chefaillon nazi du village pour avoir permis à un *Kriegsgefangener* de manger à la table familiale.

Quelques années plus tard, quand j'entre au lycée, la décision est prise, je « ferai allemand première langue », les leçons du Bodevin & Isler me permettront en outre, chaque Noël, de traduire l'échange rituel des vœux avec Hermann.

C'est d'ailleurs par son intermédiaire qu'on trouvera la famille où une veuve de guerre, son fils, sa sœur et sa mère m'accueilleront en 1956 pour mon premier séjour en Allemagne, à Tübingen.

Hors jeu

Ils y jouaient partout, à tout moment, tapant dans n'importe quoi. Parfois sur un vrai terrain, l'après-midi où ils avaient plein air, c'était au stade de la Vache noire, il fallait prendre la ligne de Sceaux. Ce jour-là, ils disposaient d'un ballon en cuir et certains d'entre eux s'étaient même fait offrir par leurs parents des chaussures à crampons. Le copain qui gardait les buts et apostrophait ses arrières pas assez vigilants avait une casquette et des genouillères, bien sûr on l'appelait Vignal. Un jour, déboulant de l'aile droite, il s'est trouvé seul face à ce goal, perdu dans sa cage où il y avait tant de place pour marquer mais, pensant qu'il était hors-jeu, il arrêta sa course, permettant à l'autre de ramasser tranquillement le ballon, sous les cris de désespoir et de fureur de ses coéquipiers.

Ils jouaient dans la cour du lycée, pendant les petites récrés et pendant les plus longues, celles de la cantine et de l'étude. Parfois le vent répandait dans la cour l'arôme du café qu'on torréfiait rue Laromiguière. Ils tapaient dans une balle de caoutchouc, dans une balle de tennis, dans une boule de tissu cousue par une mère ou une grande

sœur, dans une boîte de pastilles Valda ou de cachous, ils se tapaient aussi dans les tibias. Et comme ça ne suffisait pas, ils jouaient à nouveau une fois sortis du lycée, dans la rue.
C'était au début des années cinquante et, dans le quartier situé entre le Panthéon et les Gobelins, certaines rues tranquilles pouvaient servir de terrain de jeu. Si peu de voitures stationnaient le long du trottoir ! Quant à celles qui circulaient, c'était un passage toutes les quatre à cinq minutes au maximum. Une auto débouchant lentement à l'angle de la rue annonçait un bref arrêt de jeu, le temps de souffler. Les buts étaient matérialisés par les cartables ou les blousons en boule, disposés au milieu de la chaussée. Lui jouait surtout dans cette voie particulièrement tranquille, entre l'Ecole Normale supérieure et l'Ecole de Physique et de Chimie. Un de ses camarades de classe y habitait. Un jour, ils avaient tant couru, les automobiles avaient été particulièrement rares, très peu d'arrêts de jeu donc, ils étaient en nage, hors d'haleine, gorge sèche, il fallait boire, l'ami les a invités alors à monter chez lui où sa mère leur servirait de l'orangeade.

L'appartement de ces gens lui parut beaucoup plus encombré que celui de ses parents. Mais le plus inhabituel, c'était le mur du couloir, garni d'étagères où s'entassaient, du parquet jusqu'au plafond, des livres sur la littérature et le cinéma. Il ne put s'empêcher de manifester sa surprise et son admiration. Son camarade l'étonna encore plus en laissant échapper cette remarque : « Avant, ma famille avait beaucoup plus de bouquins, mais à la fin de la guerre les Juifs sont venus nous les prendre ». Il n'a pas relevé. Il ne comprenait pas bien, il n'avait jamais entendu parler de pareilles histoires et cela ne correspondait ni aux quelques images qui l'avaient marqué, petit enfant, ni aux histoires de ces tailleurs et fourreurs que la police était venu arrêter dans les années qui précédaient la Libération.

Deux à trois ans plus tard – il avait été entre temps renvoyé du lycée – il rencontra ce camarade sympathique qui avait partagé sa passion du jeu de balle à onze. Cette fois, ils n'ont pas parlé de Morel, de Vaast ou d'un autre héros de l'équipe au maillot bleu et blanc qu'il était allé plusieurs fois encourager du geste et de la voix avec son père le dimanche après-midi au Parc des princes (ah cette heure où le soleil qui décline derrière la tribune en étire l'ombre sur la pelouse, rendant plus triste l'écoulement du temps, rappelant qu'il ne reste que quelques minutes pour une égalisation de plus en plus improbable et que demain on retourne aux angoisses d'une interrogation de maths !), non, pour la première fois ils ont parlé politique et il fut effaré d'entendre l'autre pester contre ce qu'il appelait « la dictature du Juif Mendès ».

Lorsqu'il croisa ce garçon pour la dernière fois, bien des années après, ils n'avaient plus rien à se dire. Il savait que l'autre avait gardé intacte sa conviction ou plutôt sa rancune aveugle. Sa famille entretenait le deuil d'un proche parent, condamné à mort et exécuté peu après la Libération pour avoir encouragé de sa plume les actions des bourreaux. Six mois plus tard, cet homme de lettres eût sans doute sauvé sa peau et, au bout de quelques années, signé des chroniques réclamant le maintien de l'Empire, exigeant un châtiment exemplaire pour les intellectuels de « l'anti-France ».

Il avait commencé à parler d'un sport. Mais il a cessé depuis longtemps de s'intéresser à ce spectacle qui mobilise l'argent des annonceurs et les slogans haineux des crânes rasés.

Tübingen 56

Derrière la vitre du train, c'est un matin brumeux du début de septembre, plus froid qu'en France, lui semble-t-il. Lettres noires sur panneaux blancs, la plupart des petites villes traversées se terminent en *ingen*. Dans chaque gare, l'employé qui, d'un coup de sifflet énergique, remet le train en marche, a une tenue *impeccable*. Impeccables aussi ces vastes maisons individuelles (épargnées par les bombes ? neuves ? restaurées ?) alignées entre les pentes boisées et la ligne de chemin de fer. Sauf que leurs fenêtres ouvertes dégorgent de gros édredons. De temps à autre, le train dépasse des groupes d'ouvriers travaillant sur les remblais. Ils portent la même casquette que les soldats de l'armée d'occupation, prisonniers à leur tour, qu'il avait vus, dix ans auparavant, débarrasser les plages normandes des traces du débarquement. L'odeur douceâtre du tabac différent que fument les voyageurs autochtones l'écœure un peu, surtout à cette heure matinale. Il tente de comprendre les bribes de phrase qu'ils échangent. Depuis qu'il a franchi la frontière, ce qu'il voit, sent et entend se super-

pose à ce qu'il croit savoir de ce pays dont il a commencé à apprendre la langue quatre ans plus tôt et dans lequel son père, il y a seize ans de cela, fut emmené comme prisonnier de guerre.
Monsieur Esterle est très gros, il perd son souffle dès qu'il faut hâter le pas ou prendre l'une des nombreuses rues fort pentues de la ville. Visage sanguin, cheveux coupés ras, nuque épaisse : comment ne pas songer aux dessins du livre de Hansi qu'il feuilletait, enfant, chez sa marraine ? Et pourtant il émane de cette silhouette ronde, involontairement comique avec son petit parapluie télescopique, une gentillesse désarmante. Monsieur Esterle conduit le garçon chez *la veuve*, dans cette famille où il séjournera un mois. La maison est située à la périphérie de la ville, on peut y pénétrer à partir de la rue, en traversant un jardin dont certaines parties semblent délibérément laissées à l'abandon, mais on y accède également par derrière, en empruntant un chemin bordé d'arbres. On se retrouve alors dans une sorte de cour de ferme qui ne semble avoir aucune relation avec la façade presque noble donnant sur la rue. C'est par l'arrière du bâtiment qu'il prendra

l'habitude de rentrer de ses promenades, en dépit d'une certaine crainte que lui inspire la troupe d'oies se ruant vers chaque intrus : juché sur le grand vélo noir, il fonce pour s'ouvrir un passage dans la masse blanche cacardante.

C'est une maison à deux étages, tenue par trois femmes : la veuve, sa sœur et leur mère. Un autre pensionnaire occupe déjà une chambre, un étudiant américain, longiligne, discret, presque diaphane. Il n'apparaît qu'aux heures des repas. Un soir toutefois, il emmènera le lycéen français dans un concert donné au Centre culturel américain. Un quatuor à cordes. La première fois de sa vie. Il y a aussi le gamin de la maison, avec lequel il fera de fréquentes promenades. À cause du bavardage répétitif et du zèle pédagogique de l'enfant, il le comprend mieux que les adultes. L'enfant va sur ses onze ans, le père a dû le concevoir dans les dernières semaines de la guerre, avant de *tomber*.

Les repas ne sont pas une fête. Avant de s'attaquer à du maïs bouilli ou à une soupe épaisse où se dissimulent quelques morceaux de viande, il faut, de surcroît, prier.

La demeure est encombrée de meubles anciens et sombres. Au mur de la cage d'escalier, une gravure représente un arbre généalogique dont les caractères gothiques rendent la compréhension difficile. Un jour qu'il est seul dans la maison, il ouvre la porte d'une pièce qu'on ne lui avait jamais montrée. Le bureau de l'époux disparu, un professeur sans doute. Des livres s'entassent jusqu'au plafond. Sur une table presque vide, face à la lumière du jardin, trône la photo du défunt.
Pour la première fois, il goûte cette sensation équivoque de l'étranger, faite de vide, de découvertes et de désarroi. Il passe une partie des journées à lire. Il va à la piscine où il est saisi de voir parmi les bai-gneurs quelques hommes un peu plus âgés auxquels manquent une main, un bras ou une partie de la jambe. Il part pour de longues promenades à bicyclette. Il gravit cette colline où se trouve une petite chapelle qui lui est familière parce qu'elle était représentée dans son manuel d'allemand, illustration d'un poème qu'il avait dû, comme beaucoup d'autres poèmes heureusement, apprendre par cœur :

Droben stehet die Kapelle,
Schauet still ins Tal hinab.
Drunten singt bei Wies' und Quelle
Froh und hell der Hirtenknab !

Un jour, il va dans un village des environs pour rendre visite à Hermann, ce paysan qui avait été pour son père une sentinelle si débonnaire au stalag. Averti de sa venue, Hermann a invité les voisins pour une grande collation en l'honneur du fils de l'ancien prisonnier. C'est un goûter tardif ou un *Abendbrot* avancé. Il y a de la charcuterie, d'énormes cornichons, du pain de seigle, du cidre aigrelet, du schnaps. Lorsque Hermann veut montrer ses connaissances en français, acquises au contact des prisonniers qu'il surveillait sans trop de rigueur, il s'avère qu'on avait surtout appris au brave homme des mots d'argot : liquette, futal, godasses, bricheton, pinard, clopes.

Il est un lieu dans la ville qui l'attire : cette tour surplombant la rivière, où logea le fameux poète dont la veuve prononce le nom avec une vénération comme mêlée d'effroi. Elle lui avait prêté un petit livre s'ouvrant sur un portrait du beau jeune homme. Il essaie en vain de comprendre ces vers. Quelques années encore, cette langue lui demeurera lointaine.

Effectivement il m'a fallu du temps pour commencer à lire Hölderlin ! Mais c'est à Tübingen que j'écris mon premier poème, un sonnet. Et c'est dans ces années-là, entre quinze et dix-sept ans, que s'affirme mon envie de connaître l'Allemagne, ses paysages, sa culture. Dans cet éveil, un professeur d'allemand, le romancier Alfred Kern, joue un rôle stimulant. Sa pédagogie était hors normes, ses cours se déroulaient dans une aimable indiscipline. Assez fréquemment, il donnait à ses élèves un petit exercice, mettant ce répit à profit pour bouquiner ou rêvasser. Lorsque le brouhaha atteignait un niveau intolérable, il semblait se réveiller brusquement et frappait son bureau d'un grand coup de règle avant de descendre de son estrade et de s'enfoncer entre les rangées de tables pour faire semblant de vérifier la réalité de notre travail ou, le plus souvent, pour entamer des discussions avec les uns ou les autres. Le bruit courait qu'il était écrivain. Même si certains d'entre nous se moquaient un peu de lui, le sentiment qui prévalait était celui du respect. Et parfois il nous racontait sa vie aventureuse d'étudiant alsacien dans l'Allemagne nazie du

début des années quarante, allant d'université en université pour échapper à l'incorporation dans la Wehrmacht, avant de passer les derniers mois de la guerre réfugié clandestinement dans une famille d'artistes de Leipzig. Je crois que c'est Alfred Kern qui m'incita à lire un livre de Hermann Hesse : *Narziss und Goldmund*.
Chaque été, je passe plusieurs semaines en Allemagne fédérale, parfois accueilli dans une famille, souvent parcourant le pays en auto-stop, fréquentant les auberges de jeunesse. Je découvre Munich, ses brasseries et les peintures des deux pinacothèques, le port immense de Hambourg, la vallée du Rhin, la lande de Lunebourg, le lac de Constance. La prospérité, la modernité de l'Allemagne de l'Ouest m'impressionnent, l'hospitalité de ses habitants me touche. Je suis surpris par l'importance que les gens semblent accorder au fait religieux : la plupart du temps, les familles qui me reçoivent me précisent d'emblée s'ils sont protestants ou catholiques, voire anthroposophes. La guerre ? Un très mauvais souvenir. Ou plutôt, il ne semble plus subsister aucun souvenir de la guerre. Beaucoup de bâtiments sont neufs ou joli-

ment restaurés. Les traces les plus visibles des années 39-45, je ne les repère que sur les corps de certains nageurs des piscines.

Pendant l'été soixante et un, une fois n'est pas coutume, les vacances me mènent plus au nord. Avec une amie, je pars en auto-stop vers la silencieuse Norvège et le Danemark hospitalier. En septembre, lorsqu'il nous faut regagner Paris, notre situation financière nous rend plus que jamais dépendants des automobilistes qui voudront bien nous prendre. Entre le Danemark et la Belgique nous traversons l'Allemagne fédérale sous la pluie, mais où l'atmosphère politique est surchauffée par la campagne électorale et les événements récents : le 13 août, les autorités de la RDA ont commencé à mettre en place, entre les deux parties de Berlin, une barrière qui devient vite un mur. À l'Est, on parle de rempart antifasciste, à l'Ouest, de mur de la honte.

La nouvelle situation créée dans l'ancienne capitale du Reich et les élections prochaines pour le Bundestag sont bien sûr des thèmes fréquemment abordés par les automobilistes qui nous font faire un bout de chemin avec eux. Peut-être jouons-nous de malchance, mais la plupart des hommes qui nous font monter dans leur véhicule tiennent des propos insupportables : l'un d'eux, tout en assurant qu'il n'approuve pas tout ce que les nazis ont fait, estime que les Juifs, au début des années trente, exerçaient tout de même une influence démesurée dans la société allemande. Un autre tient à rappeler que si on pouvait reprocher bien des crimes aux SS, les résistants et partisans des pays occupés avaient, eux aussi, violé les lois de la guerre en tirant dans le dos des soldats de la Wehrmacht. Enfin, un charmant représentant en produits cosmétiques nous conjure, en tapotant sur son volant, de reconnaître au moins à Hitler le mérite d'avoir, en soutenant le général Franco, sauvé l'Espagne du communisme.

De retour à Paris, je me retrouve dans une situation embarrassante : je sais que mes études de langue et littérature allemandes impliquent un séjour prolongé en Allemagne, mais je n'ai aucune envie de supporter un an durant des propos aussi révoltants. Plus tard, j'aurai parfois du mal à faire comprendre ma réaction d'alors à des interlocuteurs d'Allemagne fédérale qui n'ont pas connu –

ou ont oublié – ce qu'était chez eux l'atmosphère de la guerre froide. Il suffit pourtant de lire les romans de Heinrich Böll ou les poèmes du jeune Enzensberger pour retrouver le pesant conformisme et l'amnésie contre lesquels ces écrivains se révoltaient, cette époque des chanceliers Adenauer et Erhard que certains ont d'ailleurs appelée « restauration ».
Lorsque j'appris que la République démocratique allemande offrait des bourses d'études, j'ai donc voulu connaître l'autre Allemagne.
Par un soir humide de novembre 62, le train en provenance de Francfort sur le Main m'amène pour la première fois sous la gigantesque voûte de la gare de Leipzig. Nous étions une petite dizaine d'étudiants germanistes français venus étudier à l'université Karl-Marx de la ville de Jean-Sébastien Bach. Cette autre Allemagne, plus petite et plus pauvre que celle de l'Ouest, je ne suis pas loin de penser, à l'époque qu'elle est la bonne Allemagne. Premières impressions, premières sensations. L'odeur particulière de l'air, due au chauffage au lignite et à l'essence pour moteur à deux temps. Rues sombres, privées du clinquant des réclames,

où grince et miaule parfois un tramway. Dans les bureaux surchauffés, les tubes de néon bruissent. Comme je n'ai aucune notion de l'accent saxon, la façon indifférenciée qu'ont mes interlocuteurs de prononcer le b et le p m'incite tout d'abord à penser qu'ils sont presque tous enrhumés. De nombreuses façades portent encore les stigmates de la guerre, des impacts de tir. Certains bâtiments attendent en vain une restauration, et sur leur toit délabré pousse parfois un arbuste. Aux frontons assez tristes sont tendues des banderoles rouges qui répètent des slogans en lettres blanches : En réalisant les objectifs du Plan, nous portons un coup décisif aux fauteurs de guerre ! Je loge au foyer d'étudiants de la Fockestrasse, y côtoyant aussi bien des Allemands de l'Est que d'autres étudiants venus du Tiers-Monde : Algériens, Irakiens, Syriens, Vietnamiens, Indonésiens, Guinéens, Latino-Américains. Une jolie camarade lyonnaise est courtisée. Un étudiant soudanais lui adresse une lettre pour lui déclarer sa flamme et, pensant augmenter ses chances, il déclare son amour pour la France et sa culture, précisant d'ailleurs qu'il a lu l'autobiographie du plus grand de ses écrivains, « Maurice Touré ». J'achète beaucoup de disques et de livres, je vais au théâtre, aux concerts, à l'opéra. J'oublie un peu une persistante insatisfaction culinaire en me lançant dans d'interminables discussions politiques. Un soir, vers neuf heures, un petit creux après le repas frugal pris à six heures au restaurant universitaire me conduit au buffet de la gare. Un homme assis à une table voisine m'offre une bière après avoir reconnu mon accent français. Il lui manque une jambe. Qu'il a perdue en combattant dans un maquis français. Il évoque ses souvenirs de l'Espagne, où il avait rejoint la Brigade Thälmann. Au Festival international du film documentaire, j'assiste à la projection d'un court métrage d'un jeune réalisateur encore peu connu : *La rivière du hibou*, de Robert Enrico. Et surtout je peux voir *Octobre à Paris*, documentaire sur le massacre des manifestants algériens à Paris le 17 octobre 1961, film bien entendu interdit en France à l'époque. Et puis je fréquente tout de même aussi les cours de l'université. Un jeune professeur, Günter Mieth, me permet de reprendre la lecture de Hölderlin sous un jour nouveau. Et je ne manque pas les brillantes causeries de Hans Mayer dans l'amphithéâtre 40 bondé. Sans doute ai-je alors côtoyé sur ces bancs un jeune homme né la même année que moi, et dont Stephan Hermlin venait de faire connaître les poèmes : Volker Braun, qui étudiait alors la philosophie à Leipzig après avoir travaillé pendant deux ans dans un grand chantier d'extraction de lignite en Lusace et avant d'être brièvement engagé au Berliner Ensemble.

Lorsque je quitte la Saxe pour revenir à Paris, à la fin de l'été 1963, j'ai la conviction d'avoir trouvé mon Allemagne.

Jusqu'au début des années soixante-dix, l'Allemagne fédérale ne sera pour moi qu'un territoire que je traverse sans m'arrêter pour me rendre à Leipzig ou Berlin-Est. Mais peu à peu, une perception plus nuancée de la réalité et la rencontre avec une nouvelle génération en RFA, d'où venait la jeune fille qui allait devenir ma femme, ainsi d'ailleurs que l'attitude de plus en plus critique de mes amis écrivains est-allemands me débarrasseront progressivement des œillères et d'une vision du monde en noir et blanc.

Certains événements viendront accélérer cette évolution, par exemple lorsque le chansonnier Wolf Biermann fut privé de sa citoyenneté par les autorités est-allemandes. J'appris cette nouvelle dans le train qui me ramenait de Karlsruhe, où j'avais assisté comme observateur au procès qu'un jeune enseignant, membre du parti communiste ouest-allemand, et frappé pour cette raison d'interdiction professionnelle, avait intenté aux autorités du Land. Il eut d'ailleurs gain de cause. Cette amère coïncidence donnait à méditer.
Bien entendu, quelques années auparavant déjà, le grand choc fut l'entrée des chars soviétiques à Prague, en août 1968. Car n'était-ce pas précisément dans cette belle ville, que j'arpentais lors d'un bref séjour en été 63, un livre de poèmes de Nezval en main, que j'avais sourdement ressenti un malaise causé par une mémoire historique trafiquée ?

Les talons sonnaient dans les salles de l'Histoire
Suivre le sens des flèches   L'acier le sang   Tribuns
perchés sur foule photomontée   Un vétéran astiquait les vitrines   Cela sentait le drapeau la colle

et la mort   Et plus tard dans ce quartier calme où s'entassent les tombes   j'errais entre massacre et littérature.

À la fin de l'année 1964, j'avais tenu à rencontrer Volker Braun et commencé à traduire ses poèmes. Il fallut attendre 1971 pour qu'il obtînt enfin un visa lui permettant de se rendre à Paris. Son premier livre en traduction française était paru un an auparavant et son voyage, à la fin du mois de mai, coïncidait avec le centième anniversaire de la semaine sanglante qui mit fin à la Commune de Paris. J'ai conservé une photo de la manifestation vers le Mur des Fédérés où l'on reconnaît Volker à côté de Lionel Ray, Paul Louis Rossi, Jean-Claude Montel et Henri Deluy. Volker m'avait fait connaître d'autres écrivains de la RDA. Certains d'entre eux ont choisi ou été obligés de quitter leur pays. D'autres, comme Christa Wolf et Volker lui-même, sont restés, affrontant la censure ou rusant avec elle, contribuant par leurs écrits et leur attitude à encourager le sens critique de leurs concitoyens et à préparer, sans avoir prévu la forme qu'il prendrait, le tournant de l'automne 89.

Berlin 1969

De temps en temps il passe du secteur calme et assez sombre à la partie plus grande, plus brillante et plus agitée de la ville. Dans une cabine verdâtre, un homme ou une femme en uniforme, le regard impassible, vérifie si son visage correspond à la photo du passeport. Passer d'un Etat à l'autre, d'un camp à l'autre, pour acheter un livre ou un certain vin. Une fois, un ami lui avait demandé de rapporter la récente parution à l'Ouest du livre d'un chansonnier vivant encore à l'Est mais réduit au silence public. Petite appréhension au moment du passage retour, le mince recueil dissimulé sous son pull, le ventre un peu gargouillant. D'autres franchissements de la frontière sont plus cocasses et moins angoissants. Par exemple pour rapporter des huîtres. Cela est possible à condition d'obtenir des formulaires dûment estampillés par les bureaux compétents car il faut déroger à deux interdictions : l'importation d'animaux vivants et l'introduction d'objets hermétiquement clos. Muni des précieuses autorisations, il présente au contrôle le futur festin. Il ne manquerait plus que le douanier lui demande d'ouvrir l'une des fines de claire pour y découvrir une perle. Mais tout se passe bien, le fonctionnaire en uniforme, visiblement dégoûté à l'idée qu'on puisse avaler des choses aussi répugnantes, est pressé de le voir remballer sa cargaison.

Brève rencontre avec Ludwig Turek, septembre 1973

Petite ville de la banlieue de Berlin, Köpenick est célèbre par son château et par ce cordonnier Voigt qui, au début du vingtième siècle, se faisant passer pendant toute une journée pour capitaine, fit marcher au pas la garnison de la ville. Le capitaine de Köpenick, qui symbolisa l'obéissance aveugle et le respect de l'uniforme, est entré dans la légende, devenant plus tard héros d'une pièce de Carl Zuckmayer puis d'un film de Helmut Käutner, avec le célèbre Heinz Rühmann dans le rôle titre. C'est dans les allées tranquilles du parc du château, où déambulent les paons, que nous avons rencontré un autre « capitaine » qui certes ne bourlingue plus de Leningrad à Athènes mais coule des jours calmes à bord de son petit rafiot sur la Spree ou sur les lacs entourant Berlin. Ludwig Turek suivait le déroulement d'une partie d'échecs en plein air, un jeu curieux dont les pièces mesurent près d'un mètre de hauteur. Turek, dont la trogne virant au muscat et la panse en barrique évoquent le loup de mer revenu à bon port, vient de fêter son soixante-quinzième anniversaire. Il aime raconter sa vie mouvementée, lui qui fut boxeur, marin, ouvrier, comédien, mais aussi l'un des chefs de l'armée révolutionnaire de la Ruhr, après la première guerre mondiale. Enfant, il n'avait jamais vu que deux livres dans la maison de ses parents : la Bible de sa mère et un recueil de textes de Marx appartenant à son père. Mais qu'on n'ouvrait jamais. Comment est-il donc devenu membre de la Ligue des écrivains révolutionnaires prolétariens ? 1930. Ouvrier imprimeur à Leipzig, il est correspondant de l'organe du parti communiste allemand quand un soir, au retour du travail, le désir d'écrire s'empare de lui. Tout en berçant le landau où son fils commençait à s'endormir, il trace les premières lignes de son livre : « Le 28 août 1898, un dimanche soir, j'aperçus pour la première fois la lumière du monde. C'était une vieille lampe à pétrole… » À partir de ce jour, il griffonne sur son cahier, dès qu'il peut disposer de quelques minutes : tôt le matin, pendant la nuit, à la pause de midi, durant des réunions et même aux toilettes de l'entreprise. Ce qui ne manque pas de lui attirer les remarques ironiques de ses compagnons d'atelier : « Le camarade Turek, qui écrit son roman dans les chiottes… ». Un beau jour pourtant, le manuscrit est achevé. Il prend le train de Berlin pour aller trouver Wieland Herzfelde, qui dirige les éditions progressistes Malik Verlag. Son frère, John Heartfield, est connu pour ses saisissants photomontages (« John Heartfield sait aujourd'hui saluer la beauté », Aragon, 1935). C'est d'ailleurs cet artiste qui composera la couverture du livre et en proposera le titre : *Un prolo raconte*. D'autres livres suivront. André Gide traduira sa nouvelle *Vie et mort de mon frère Rudolf*. Puis des années de voyage et d'émigration. Pendant la seconde guerre, trompant la vigilance des nazis, Turek demeure à Berlin et anime une organisation clandestine de résistance avec des Français que le S.T.O. a envoyés dans le Reich.

Un dangereux pacifiste

Il y a 38 ans, le Prix Nobel de la paix était attribué à l'Allemand Carl von Ossietzky. Critique littéraire, polémiste, rédacteur en chef de la revue *Die Weltbühne* à laquelle collaborait Kurt Tucholsky, Ossietzky était un pacifiste résolu et un démocrate conséquent. Ce qui lui valut, comme à beaucoup d'intellectuels allemands, de voir ses livres brûlés par les nazis et d'être emprisonné dans un camp de concentration. Lors du Congrès de Paris pour la défense de la culture, en juin 1935, les délégués allemands (parmi lesquels se trouvaient Brecht, Ernst Bloch, Heinrich Mann, Anna Seghers et bien d'autres) avaient attiré l'attention de l'opinion mondiale sur le sort d'Ossietzky. Ce ne fut pas sans effet, puisque le Prix Nobel de la Paix lui fut décerné le 23 novembre 1936. Reculant devant la pression de l'opinion, les nazis transférèrent Ossietzky dans un sanatorium où il mourra en 1938 des suites des mauvais traitements infligés au camp.

On reparle d'Ossietzky en Allemagne fédérale. Le conseil de l'université d'Oldenburg avait décidé, par un vote quasi unanime, de donner à l'établissement le nom de l'écrivain. Le ministre de l'enseignement du Land de Basse-Saxe, monsieur Grolle, un social-démocrate, a cru devoir s'opposer à cette décision. Les arguments invoqués laissent rêveurs : donner à une université le nom d'un homme célèbre serait « régresser dans un rituel démodé ». Par ailleurs, cela pourrait provoquer « au mieux des hochements de tête, au pire des agressions ».

Il y a trois ans, une affaire analogue avait fait quelque bruit en RFA : lorsqu'on avait voulu donner à l'université de Düsseldorf le nom de Heinrich Heine, les autorités de la ville étaient d'accord, mais pas celles de l'université.

À Oldenburg, les étudiants ne se sont pas résignés : passant outre à l'interdiction de Grolle, ils ont, en plein jour, inscrit en lettres blanches sur la tour de la bibliothèque : *Carl-von-Ossietzky Universität.*

(Paru dans *France Nouvelle*, 25 novembre 1974)

Agitprop et littérature ouvrière en Allemagne

> En général, la poésie des révolutions passées
> (exception faite toujours pour *La Marseillaise*)
> exerce rarement une influence révolutionnaire
> dans les époques suivantes parce que, pour agir
> sur les masses, elle est obligée de refléter
> leurs préjugés du moment.
>
> Engels (lettre à Schlüter, 1885)

> La poésie de combat, d'agression, comme le
> dessin ou la caricature révolutionnaires, l'art du
> tract en fin de compte, ne constituent qu'une des
> branches de la vaste couronne de l'art prolétarien.
> (…) Ephémères, ces dessins révolutionnaires nés du
> besoin et pour le besoin de l'époque, peuvent conserver
> des siècles durant le souffle brûlant d'une saison
> révolutionnaire.
>
> Karel Teige (*Le Nouvel art prolétarien*, 1922)

À l'origine de ce numéro, une constatation faite voici trois ans, lors d'une discussion portant sur des poèmes de mai 68. Ces textes ne nous avaient guère convaincus. Nous leur opposions les réussites indéniables d'autres formes d'intervention, comme celle de l'agitprop en Allemagne, à la fin des années vingt. Pour étayer cette affirmation, nous avons tout d'abord voulu livrer ici un certain nombre d'informations sur ce qui s'est fait pendant cette période-là. Nous venons de parler de réussite. Le mot est ambigu si l'on en demeure au constat suivant : jamais l'agitprop n'a empêché les Hitler de monter sur la scène de l'Histoire les grandes machines de leur opéra-boucherie. Cette observation, formulée comme un reproche, a quelque chose de saugrenu mais correspond sans doute à des illusions tenaces quant aux pouvoirs immédiats de l'art. Et pourtant, il y a problème. Car il serait trop facile de dissocier la croyance en la fonction éclairante des productions artistiques et les réussites que cette croyance engendre. Brecht, par exemple. L'illusion pédagogique n'est-elle qu'une illusion ? En tout cas, cette illusion a la vie dure puisque nous assistons, depuis quelques années en République fédérale, à une renaissance de l'agitprop par la chanson, le poème ou le théâtre de rue. L'importance non négligeable de ce courant et son insertion dans les luttes politiques nous paraît justifier la place qui lui est faite ici. Mais, à côté de ce qu'il est convenu d'appeler la nouvelle agitprop, existe un secteur qui ne s'identifie pas forcément à elle, c'est celui de la littérature ouvrière, avec la question que ce terme soulève : littérature produite *par* ou *pour* les ouvriers ?

Il devenait alors nécessaire d'indiquer quelques points de repère historiques afin de souligner les relations entre l'apparition du prolétariat en Allemagne et la littérature qui se veut partie prenante des luttes de la classe ouvrière, avec la série de questions qui alimentent les discussions dans le mouvement socialiste depuis plus d'un siècle : littérature et révolution, art nouveau et révolution sociale, prolétariat et héritage culturel, etc. L'énumération de ces quelques thèmes suffit pour montrer que l'investigation entreprise depuis plusieurs numéros dans *action poétique* se poursuit dans la présente livraison.

Allemagne, Allemagne entre autres. Dans ce pays saigné par l'écrasement de la révolte des paysans, ravagé par la Guerre de Trente ans, puis morcelé en féodalités, dans ce pays qui ne voit bien souvent de la Révolution française que ses baïonnettes – en dépit d'un courant de poésie « jacobine » – dans ce pays où le sursaut patriotique contre l'invasion napoléonienne est dévoyé par la réaction, dans ce pays enfin où la bourgeoisie ne réalise qu'une révolution partielle mais où se développe, avec Marx et Engels, sa critique la plus radicale, nous avons voulu poser quelques jalons d'une tradition que nous, Français, méconnaissons souvent, tradition qui éclaire l'histoire généralement sombre de la « misère allemande ».

Que l'on nous entende bien : nous n'avons pas fait courir un fil rouge à travers les siècles, épinglé les œuvres et les auteurs dans de strictes lignées. En outre, le choix nécessairement restreint des textes que nous publions n'échappe pas à l'arbitraire. Par exemple il eût été intéressant de comparer l'*Enquête ouvrière* de Marx à ce genre qu'on nomme aujourd'hui littérature de reportage. De même, les constantes du courant protestataire apparaîtraient mieux à la relecture des discours de Thomas Müntzer ou du *Messager hessois* de Büchner. La poésie satirique, elle aussi, mériterait qu'on y revienne tout spécialement, avec Wedekind ou Klabund, que Brecht n'a pas ignorés. Pourtant, et dans les limites de ce numéro, nous avons souhaité donner à lire quelques auteurs peu connus en France, comme Georg Weerth ou Erich Weinert.

Avec une véhémence qui rappelle les accents désespérés de Hölderlin dans *Hyperion*, Heinrich Mann dénonçait en 1910, dans son essai *Geist und Tat* (Esprit et action) l'abîme séparant l'écrivain de son peuple. Il accusait le *Literat*, l'homme de lettres, « d'œuvrer depuis des décennies à embellir ce qui est l'ennemi de l'esprit, à justifier l'injustice par des sophismes ». Neuf ans plus tard, dans l'écho proche encore d'Octobre 17 et de la révolution spartakiste, l'expressionniste Ludwig Rubiner assignait pour mission au poète de libérer le monde du passé capitaliste dans le domaine des sentiments tandis que le prolétaire libère le monde du passé économique du capitalisme. Dans les années qui suivirent, la réflexion entreprise au sein de la Ligue des écrivains révolutionnaires prolétariens permit de dépasser des conceptions aussi vagues et volontaristes. Après 1933, cette réflexion s'est poursuivie et enrichie dans l'émigration à travers les débats sur le réalisme ou la littérature de parti, marqués par les interventions de Lukacs, Brecht ou Benjamin. Avec bien des aléas, la discussion a repris au cours des années cinquante dans le premier Etat socialiste allemand alors qu'elle était pratiquement inexistante en République fédérale. Or, depuis quelque temps, l'horizon littéraire ouest-allemand « bleuit de propagande », pour reprendre un vers du poète néerlandais Herman Gorter. Le courant politique n'est pas exempt de traits ambigus : certaines formes anciennes (comme le théâtre de rue) sont réactivées dans un contexte historique différent et la tentation est encore forte d'opposer une « contre-littérature » ouvrière à l'hégémonie culturelle de la bourgeoisie. Cette conception étroite reculera encore dans la mesure où les forces progressistes allemandes sortiront de leur isolement. La politisation excessive en art « conduit à la barbarie en esthétique ». Par-delà cette mise en garde, toujours actuelle, de Hanns Eisler, il s'agira de préciser comment intervient la littérature dans le combat politique, sans perdre de vue le rôle de substitut qu'on est toujours tenté de lui faire jouer.

J'avais écrit cette introduction au volumineux dossier consacré à l'agitprop et à la littérature ouvrière en Allemagne que nous avions publié à l'automne 1972 dans la revue *action poétique*. Parmi les très nombreux textes traduits, on trouvait également ce poème d'Enzensberger, traduit par Maurice Regnaut :

Le dindon en papier

Le révolutionnaire ultra pur
vous le trouvez aujourd'hui page 30
du supplément Pour vous distraire

Le révolutionnaire ultra pur
ne peut touchant le communisme
que sourire avec compassion

Le révolutionnaire ultra pur
se situe où qu'il soit lointissimo à gauche de Mao
face à la caméra de télévision

Le révolutionnaire ultra pur
lutte contre le système
au moyen d'implacables et fulminantes interviews

Le révolutionnaire ultra pur
est intégralement transistorisé
autocollant et d'entretien facile

Le révolutionnaire ultra pur
c'est hors de question qu'il la ferme
il est dangereux il est terrible

Il est notre clown favori.

Train Parsifal entre Liège et Dusseldorf, février 1983

Par la fenêtre du wagon-restaurant, il scrute le ciel sombre. La seule lumière semble monter des champs enneigés. Trois uniformes ouest-allemands s'attardent à contrôler les papiers, le billet, les devises d'un voyageur pakistanais. Au bout d'un certain temps le monsieur, qui parle anglais avec son accent favori, leur demande poliment la raison de toutes ces vérifications. « Because it is not normal to make a journey without luggage », lui répond le plus jeune des trois. Eh bien, voilà justement ce dont il rêve toujours : voyager sans bagages et les mains dans les poches. Au fur et à mesure qu'on pénètre à l'intérieur de l'Allemagne, la couche de neige sur les branches est de plus en plus épaisse. On imagine un train roulant vers l'est, s'enfonçant toujours davantage dans une neige formant de chaque côté de la voie deux murailles qui s'élèvent régulièrement, puis le convoi finirait par se dissoudre totalement dans le blanc. Le Pakistanais l'observe en train d'écrire. À chacun son suspect.

Gare du Nord

Pour se rendre à Berlin, il avait réservé une place de wagon-lits dans le train Paris-Moscou qui partait de la Gare du Nord peu après 17 heures et arrivait, allez savoir quand, dans la capitale soviétique après être passé par Varsovie, peu lui importait d'ailleurs, puisqu'il n'allait pas plus loin que Berlin-Est (gare de Friedrichstrasse) qui était encore la capitale de la RDA : le mur était déjà construit mais il était encore loin d'être abattu. Dans son wagon, la plupart des voyageurs étaient des Soviétiques. Ils avaient un long voyage devant eux et commençaient à prendre leurs aises, alors que le train était encore à quai. Il croisait dans le couloir des messieurs en pyjama, parlant fort et riant bruyamment, certains brandissaient même une bouteille de vodka. Cela lui rappela que peu de temps le séparait de l'heure du dîner et qu'il n'avait emporté aucun casse-croûte. Le train s'ébranla et le méli-mélo du paysage banlieusard défila derrière les vitres. Il décida d'aller faire une reconnaissance à travers le convoi pour repérer l'endroit où se trouvait le wagon restaurant, rêvant déjà d'un bortsch ou d'une solianka. Hélas ! Il constata que la porte qui séparait sa voiture de la suivante était verrouillée. Sans doute afin que les voyageurs puissent se déplacer en pantoufle et en pyjama, comme s'ils étaient dans leur datcha, sans être dérangés ? Au contrôleur soviétique qui surgit derrière lui, l'œil sévère, il a voulu expliquer, en allemand, puisque l'autre parlait un peu cette langue, qu'il cherchait le wagon-restaurant. Nix Speisewagen ! lui fut-il répondu sur un ton rogue. Pas de wagon-restaurant ! Il revint assez démoralisé dans son compartiment, songeant à toute cette nuit et à la matinée suivante à passer dans un jeûne forcé. Il sortit un livre de sa valise, espérant qu'il serait assez passionnant pour lui faire oublier la faim. Brusquement la porte s'ouvrit d'un coup sec et il revit son contrôleur, auquel il trouva un air encore plus revêche, soupçonneux même, puisqu'il lui aboya cette question : *Waffen* ? *Gepäck* ? (Armes ? Bagage ?). En dépit du caractère fruste de la syntaxe, le sens de l'interrogation était tout à fait clair. Comme la méfiance de l'homme avait été attirée par sa tentative de franchir le soufflet, il lui demandait sans doute tout de go s'il transportait des armes dans ses bagages. Il resta muet. Lui qui avait de la sympathie pour la patrie de Lénine, il devenait Tintin chez les Soviets. Curieusement, le contrôleur ne poursuivit pas son interrogatoire, referma la porte aussi brutalement qu'il l'avait ouverte et disparut dans le couloir. Une minute après, il était de retour et réitéra sa question mais cette fois il vit quelque chose enveloppé dans du plastique au bout des deux mains tendues vers lui et il comprit alors sa méprise : le brave homme, ne voulant pas le laisser mourir de faim, lui proposait quelque chose à croquer et il avait le choix entre les gaufres *(Waffeln)* ou les biscuits (*Gebäck*). Il pouvait même prendre les deux. Et quelques minutes plus tard il eut même droit à un grand verre de thé, histoire de faire passer ces nourritures un peu sèches.

Deux poèmes de Kurt Bartsch

Marxengelsplatz

Sur la tribune de vingt-quatre étages
Construite avec le bois de deux forêts moyennes
Au matin du premier mai le peuple
A pris place. À dix heures du matin la
*   manifestation commence*
Membres et candidats du bureau politique
Défilent, suivis du gouvernement
Devant les trois cent mille personnes présentes.
Une joyeuse clameur s'élève quand on voit
Le ministre de la défense s'entraîner au pas de l'oie !
À dix heures deux minutes un haut-parleur annonce
La fin de la manifestation.

Conte

B. a envoyé un manuscrit, a dit le lecteur
Avec un regard anxieux vers l'éditeur, l'éditeur
Avec un regard anxieux vers le ministre, le ministre
Avec un regard anxieux vers la direction du
          district, la direction du district
Avec un regard anxieux vers le comité central, le
          comité central
Avec un regard anxieux vers le bureau politique,
          le bureau politique
Avec un regard anxieux vers le Kremlin, le Kremlin
Avec un regard anxieux vers Dieu, à la suite de
          quoi ce dernier
Décréta le long et rude hiver 1979.

Kurt Bartsch est né en 1937. Il a grandi en RDA, où il a étudié à l'institut de littérature Johannes R. Becher à Leipzig après avoir exercé différents métiers : chauffeur, vendeur de cercueils, employé de bureau, employé des pompes funèbres, ouvrier d'entrepôt et lecteur dans une maison d'édition. Exclu de l'Union des écrivains de RDA en 1979, il s'est installé avec un visa permanent à Berlin-Ouest.

Passage frontière Friedrichstrasse, février 1984

Quelques heures avant le départ, Richard* est venu lui apporter son livre de poèmes qui vient de paraître. Un beau titre : *Musée de la liberté*. À midi, il s'engouffre dans cette boîte de verre que les Berlinois appellent le Palais des larmes. Après avoir franchi le contrôle, il attend sagement sur le quai devant le train déjà formé. Interdit de monter dans les wagons tant que l'autorisation n'est pas donnée. Il faut que les chiens policiers aient fini de renifler. Si un pied s'aventure sur la ligne blanche tracée au sol, un uniforme aboie. Brève bouffée de haine contre les flics de cet Etat et de toutes les frontières.

*Il s'agit du poète Richard Pietraß

Automne 1986, au lendemain d'une rencontre organisée à Francfort, intitulée *Poésie, une langue étrangère ?* à laquelle avaient participé des poètes français et allemands, j'accompagnais Hans Magnus Enzensberger et Maurice Regnaut – qui avait traduit son livre de poèmes *Mausoleum* – dans un studio de la radio de la Hesse, où les deux écrivains allaient participer à un entretien. Avec sa malice habituelle empreinte de fausse naïveté, Enzensberger me dit à quel point il appréciait ce médium qu'est la radio : vous savez, on peut y dire tout ce qu'on veut, et même se contredire par rapport à une précédente déclaration, alors que lorsque vous couchez quelque chose sur le papier, il y aura toujours un pinailleur pour venir fouiner dans votre texte et y relever des contradictions avec un écrit antérieur…

Si le souvenir ce cette boutade m'incite à dire la prédilection que je garde pour cet instrument qu'on appelait dans mon enfance la TSF, je souhaiterais surtout rappeler qu'en Allemagne, les radios de service public ont apporté – et continuent en partie d'apporter, malgré des restrictions budgétaires – un précieux soutien aux écrivains. Imaginez

France Culture, multipliée par une quinzaine d'offices régionaux, dont la production radiophonique couvre différents territoires allemands. Les plus importants sont le WDR, qui dessert la Rhénanie du Nord-Wesphalie, ou le Bayerischer Rundfunk, basé à Munich. Mais les autres effectuent également un remarquable travail, y compris les petites stations comme celle de Brème ou celle de la Sarre. C'est le deuxième programme qui correspond en gros au profil de France-Culture et de France-Musique. Comme en France, on y trouve de nombreux écrivains pour animer ou produire des émissions. Mais en Allemagne, leurs confrères invités pour un entretien à propos d'un de leurs livres reçoivent toujours un cachet convenable. On ne leur laisse pas entendre qu'après tout ils devraient s'estimer heureux qu'on fasse la promotion de leur œuvre. En 1983, Heinrich Böll rendait cet hommage aux radios de service public de son pays : « De Eich à Schnurre, de Lenz à Aichinger, comment aurions-nous tous pu vivre de nos livres, ce dont nous avions rêvé, sans la radio, qui nous laissa travailler librement en nous donnant les moyens de vivre ».

J'ai souvent eu l'occasion de participer à des émissions lorsque je vivais en Allemagne : au Hessischer Rundfunk à Francfort ou au Saarländischer Rundfunk à Sarrebruck. À plusieurs reprises, j'ai pu faire intervenir des écrivains français que j'avais invités pour une lecture, et la rémunération qu'ils recevaient de la radio allemande dépassait nettement le maigre cachet que le budget de l'institut français me permettait de leur verser. À Sarrebruck, pendant deux décennies, c'était le poète Arnfrid Astel qui dirigeait les émissions littéraires. La radio sarroise était particulièrement attentive à la littérature française contemporaine. C'est là que Georges Perec a commencé à écrire des textes pour la radio, en coopération avec son traducteur Eugen Helmlé. Pendant deux ans, de 1992 à 1994, je venais deux fois par mois dans ces studios de la colline du Halberg, pour y enregistrer une chronique destinée aux émissions en langue française du Deutschland Funk, qui était l'équivalent allemand de Radio-France Internationale. En 3 à 4 minutes, j'évoquais un aspect de l'actualité littéraire allemande ou rendais compte de la parution d'un livre allemand traduit en français.

Je m'installais derrière le micro, faisais un essai de voix et lisais mon texte, reprenant les quelques passages où ma langue avait fourché. J'étais fasciné par la technicienne – revêche, il est vrai, mais ô combien compétente – qui, immédiatement après mon enregistrement, repassait la bande magnétique et, avec une sidérante dextérité, repérait les passages à couper, recollait les bouts, remettait en marche. Elle me faisait réécouter l'enregistrement pour que je vérifie si tout y était, et l'affaire était réglée. J'ai souvent pensé à elle lorsque, quelques années plus tard, revenu à Paris, je me rendais dans le camembert des studios de Radio-France pour y enregistrer une autre chronique littéraire, en allemand cette fois, destinée à l'émission *BücherLese* du Saarländischer Rundfunk, à la demande de mon ami Ralph Schock, qui avait succédé à Arnfrid Astel. Il n'était pas rare qu'un petit empêchement compliquât la séance d'enregistrement puis d'envoi vers Sarrebruck. Parfois la liaison n'avait pas été demandée avec l'Allemagne, parfois le technicien du studio n'avait pas de ciseaux pour faire le découpage…Et lorsqu'il en avait trouvé une paire, jamais il ne possédait la virtuosité de la sévère technicienne de Sarrebruck. Plus de bandes magnétiques à présent, tout se fait par ordinateur.

Bruns chevaux, glaise rose, route atone
Défile la Hesse profonde et verte
Dans le morne prélude à l'automne
Colombages, ciel lourd, buse en alerte

Gare de l'Est

En cette journée de la fin des années quarante, Eugen, une vingtaine d'années, débarquait Gare de l'Est. Arrivé d'Allemagne pour venir exercer quelques mois à Paris l'art de la pâtisserie qu'il avait appris dans sa Sarre natale, il était accompagné d'un ami, découvrant tout comme lui la capitale. Mais plus que les gâteaux, c'était la langue qui passionnait Eugen et il se promettait de ce séjour des progrès décisifs dans le maniement du français. Tous deux venaient de cette région particulière, frontalière de la Lorraine, placée depuis la capitulation du IIIe Reich sous administration française. Un jeune et talentueux écrivain, François-Régis Bastide, y avait été chargé par les autorités militaires de mettre en place la station de radiodiffusion. Quelqu'un, à Sarrebruck ou à Sulzbach, leur avait indiqué l'adresse d'un hôtel bon marché situé dans le dixième arrondissement. En sortant de la gare, ils se dirigèrent vers la station de taxis. Eugen avisa le premier G7 de la file et dit bonjour au chauffeur appuyé à son véhicule (casquette, blouse grise, gitane maïs au bec) en lui tendant timidement le bout de papier sur lequel était inscrit le nom de l'hôtel. Le chauffeur jeta un bref coup d'œil sur l'adresse avant de lui signifier son refus de la course en marmonnant : « J'veux pas, trop *proche* ». Eugen n'insista pas. Il revint vers son copain resté à quelques mètres derrière lui et, navré, lui expliqua que le type refusait de les prendre parce qu'ils étaient des *boches*. L'autre ne put retenir son indignation : Quel salaud ! Tu ne lui as pas dit que nous sommes socialistes ?

Quelques semaines plus tard, Eugen commençait à comprendre ce qu'on lui disait, même si c'était avec l'accent parigot. Et au bout de quelques années encore, il maîtrisait si bien cette langue étrangère qu'il commença à traduire de la littérature française contemporaine en allemand. Eugen Helmé, puisque c'est de lui qu'il s'agit, sera en effet l'auteur, avec son ami Ludwig Harig – sarrois comme lui – de la version allemande des *Exercices de style* de Raymond Queneau puis se consacrera notamment à faire connaître en Allemagne l'œuvre d'un auteur encore peu connu à l'époque dans son propre pays, Georges Perec. C'est à Helmlé qu'on doit la traduction de *La Disparition*, qui respecte, pour la version allemande de ce fabuleux texte lipogrammatique, la même contrainte que dans l'original : l'absence de la voyelle E.

Richard Leising (1934-1997)

Homo sapiens

L'homme ne vit pas uniquement de pain
Il veut aussi son civet de lapin.

Notre pain quotidien ne suffit pas
Faut du beurre aussi, et à chaque repas.

Et du berceau jusqu'au jour de la mort
Chaque semaine un bon rôti de porc.

Votre œuf, monsieur, au plat ou au vinaigre ?
Un seul œuf, monsieur, mais c'est un peu maigre !

L'homme est en quête d'amis véritables
Alors il invite le vin à sa table.

Le fromage aussi est un bon copain
L'homme ne vit pas uniquement de pain.

Pour vivre il faut aussi des idéaux
Et du gigot.

Pas de véritable Etat prolétaire
Sans une vraie salade de pommes de terre.

L'homme ne vit pas uniquement de pain
Le communisme devrait être pour demain.

Le tournant

Que faisais-je le 9 novembre 1989 ? Je ne sais plus. J'étais à Francfort sur le Main, passablement épuisé par toutes les manifestations que l'Institut français de cette ville avait organisées ou coordonnées en cet automne où la France était l'invitée d'honneur de la Foire du livre. J'ai vu sur l'écran de télévision ces images étonnantes des Berlinois de l'Est en train de franchir sans encombre les premières brèches du mur. Liesse, incrédulité. Un mot faisait fortune : *Wahnsinn* ! (délire). Les propriétaires de BMW accueillaient avec des fleurs et du mousseux les propriétaires de Trabant.

Bien que requis par les lectures, débats, spectacles et expositions de l'automne français à Francfort, je m'informais régulièrement de l'évolution des événements en RDA et je suivais notamment avec sympathie et aussi quelque inquiétude – allait-on vers des affrontements violents, une sanglante répression ? – les manifestations du lundi à Leipzig où des foules de plus en plus nombreuses scandaient : *Nous sommes le peuple ! Nous restons ici !*

J'avais pu m'absenter quelques jours de Francfort,

fin octobre, pour participer à une traduction collective de poésie dans l'abbaye de Royaumont, où étaient invités Oskar Pastior et Volker Braun. De ce dernier nous avons traduit son cycle de courts poèmes intitulé *Le pont en zigzag*, écrit un an auparavant, pendant et après un voyage en Chine. Nombre de ces textes étaient prémonitoires, comme ce distique :

Leçon eurasienne

Lorsque fut dressée la Grande Muraille
Les peuples commencèrent à migrer.

Ou encore cet autre poème :

Changement de décor

L'administration m'explique
Qu'elle a depuis longtemps procédé à la transformation
                Sans faire d'histoire
Pourtant la maison n'est pas plus spacieuse
L'escalier reste incommode

Les chambrettes en sont-elles plus claires ?
Et pourquoi les gens déménagent au lieu d'emménager ?

Volker ne tenait pas en place, téléphonait au moins deux fois par jour à Berlin pour savoir comment la situation évoluait. Voulant être dans son pays en cette période cruciale, il abrégea son séjour pour participer à ce « tournant » qu'avec d'autres écrivains il avait contribué à faire advenir. Le 4 novembre, à Bad Hersfeld, petite ville ouest-allemande située non loin de la frontière entre les deux Etats allemands, j'ai suivi en direct la retransmission télévisée de l'immense et pacifique manifestation qui aboutit sur l'Alexanderplatz. Jamais je ne m'étais senti aussi proche de mes amis Christa Wolf et Volker Braun. Deux semaines plus tard, ma femme, notre fille et moi sommes allés à Berlin pour les revoir et, à la demande d'un magazine français, réaliser un entretien avec Christa et Gerhard Wolf. Paradoxalement, il fallait beaucoup plus de temps qu'auparavant pour franchir le Chekpoint Charlie. Les événements avaient provoqué un afflux de curieux puis de collectionneurs de fragments du mur. Dans la queue, un « Wessi » maugréait contre ces lambins est-allemands, ajoutant qu'il était temps que l'Ouest vînt leur apprendre à travailler avec un meilleur rendement. Apparemment quelque chose n'a pas bien fonctionné, puisque l'unification a entraîné dans la partie orientale une explosion du chômage... J'éprouvais des sentiments mêlés : la satisfaction de voir s'ouvrir le mur se doublait d'un certain malaise provoqué par la transformation du slogan des manifestants du lundi qui ne scandaient plus *Nous sommes le peuple* mais *Nous sommes un peuple*. Déjà se dessinait une unification qui, après l'euphorie initiale, aboutirait à des désillusions.

Entre l'unification monétaire en juillet 90 et le parachèvement de l'unité étatique le 3 octobre de la même année, Volker Braun écrivit ce poème qui parut presque simultanément dans la presse de RFA et dans celle de RDA :

La propriété

Je suis là encore et mon pays passe à l'Ouest
GUERRE AUX CHAUMIERES, PAIX AUX PALAIS !
Je l'ai mis à la porte comme on chasse un vaurien.
Il brade à tout venant ses parures austères.
L'été de la convoitise succède à l'hiver.
Et à mon texte entier on ne comprend plus rien.
On me dit d'aller voir là où le poivre pousse.
On m'arrache ce que je n'ai jamais possédé.
Ce que je n'ai vécu va toujours me manquer.
Comme un piège sur la route, l'espoir était à vif.
Ma propriété, la voici dans vos griffes.
Quand redirai-je à moi en voulant dire à tous ?

L'été 90

Un an après la parution du poème de Volker Braun, quelqu'un m'a dit avoir été témoin de ceci : lors de la lecture qui clôturait une rencontre entre écrivains allemands de l'est et de l'ouest à Weimar, Volker Braun a lu *La propriété*. Une rumeur s'est alors élevée des rangs du public, des dizaines de spectateurs, qui connaissaient par cœur ce poème, l'ont murmuré en même temps que l'auteur !
Pendant l'été 1990, nous avons passé quelques jours au bord de la mer Baltique, dans le Schleswig-Holstein, encore dans l'ancienne République fédérale donc, puis nous avons rejoint Berlin en traversant le Mecklembourg, belle région de lacs, d'étangs et de forêts. Une étape de quelques jours dans la maison de campagne de Christa et Gerhard Wolf. Christa était profondément blessée par les polémiques dirigées contre elle par certains journalistes ouest-allemands. Ils lui reprochaient d'avoir attendu la chute du mur pour publier le récit qu'elle avait écrit en 1979, *Ce qui reste*. La narratrice y décrit une journée particulière pendant laquelle elle découvre faire l'objet d'une surveillance

ostentatoire. Le récit, mêlant notations de la vie quotidienne, rencontres, souvenirs, est parcouru par cette lancinante interrogation : comment continuer à écrire, à vivre dans un tel climat ? À l'époque, il était impensable de publier ce texte en RDA. Christa Wolf eût certes pu le faire paraître en RFA, ce qui eût signifié une rupture publique avec l'Etat où elle souhaitait continuer à vivre, à écrire et à publier, car elle savait combien chacun de ses livres était attendu par des dizaines de milliers de lecteurs. Au-delà du prétexte invoqué, les attaques qui visaient Christa Wolf faisaient partie d'une opération destinée à discréditer systématiquement les écrivains critiques de la RDA, parce qu'ils osaient demander que l'unification allemande se fît sans vainqueurs ni vaincus.
À Berlin, je me suis souvenu qu'il devait me rester un peu d'argent provenant des droits d'une anthologie publiée aux éditions Volk und Welt. Nous nous sommes rendus au bureau des droits d'auteur, situé dans l'arrière-cour d'un immeuble assez délabré, situé non loin du mur, qui désormais ne coupait plus la ville en deux. Nous avons été intrigués par une pancarte apposée sur une porte au

rez-de-chaussée : *Heures d'ouverture pour les clients du brouillard.* Nous avons fini par comprendre qu'il s'agissait d'un service technique fournissant les théâtres de Berlin-Est en brouillard artificiel ! Quelques semaines plus tard, Christa et Gerhard Wolf étaient en France. Nous leur avons montré la Normandie, Etretat, Honfleur, ils ont fait honneur aux fruits de mer. À Caen nous avons vu une superbe exposition sur les *vanités.*
Invitée par le conseil général de Seine-Saint-Denis, Christa Wolf rencontra le public à la bibliothèque de Pantin et dîna avec plusieurs écrivains français venus l'assurer de leur admiration et de leur solidarité : François Bon, Bernard Noël, Danièle Sallenave, Jean Ristat, d'autres encore.
Dans les salons du Ministère de la Culture, le 12 septembre, Jack Lang remit à la romancière la médaille d'officier des Arts et Lettres. Cela fit grincer certaines dents à l'ambassade de la République fédérale. Dans son discours de remerciement, Christa Wolf évoqua les peintures qu'elle avait admirées à Caen et la forte impression que cette exposition lui avait laissée. Et de conclure ainsi :

Au milieu d'un monde d'objets destructeurs, qui s'engendrent eux-mêmes, et de relations réifiées, il y a l'être humain, très frêle et, à ses côtés, c'est ainsi que je vois les choses, la littérature – fragile elle aussi. L'issue de la confrontation entre les adversaires est incertaine, la bataille se déroule en nous et elle semble souvent perdue. Mais ces peintres eux aussi, pénétrés de la vanité des efforts humains, se sont contredits eux-mêmes en peignant des images qui nous font percevoir l'illusion de nos sens.

Continuer à voir précisément cette contradiction, la supporter et, peut-être, pouvoir l'exprimer : c'est pour cela que votre encouragement m'est bienvenu.

En novembre 90, quelques semaines après l'unification des deux Allemagnes, dans le train qui me menait de Francfort à Leipzig, j'écrivis ce poème :

Fantôme frontière
Pourtant je l'ai franchie
Désarmée le regard délarmé
Des souvenirs plein les narines

Lignite des années soixante

Il n'est plus de rouge
Que ces pommes en pyramide
Au pied des troncs noirs
Des jardins ouvriers

Camion kaki caractères cyrilliques
Migrateurs en retard
Sur le gris délabré

Paysage paysage
Dévore les rabâchages
Des fragiles personnels bombardés

L'hiver fait fondre la lumière
Temps perdu mérite inventaire.

Pour Claude Prévost

« *Or beaucoup de nos compatriotes et une partie de l'* « *intelligentsia* », *même quand ils voyagent et se disent* « *européens* », « *citoyens du monde* », *que sais-je encore, même quand ils tiennent pour rien ou presque rien la nation et l'intérêt national, n'en restent pas moins curieusement fermés à ce qui vient de l'extérieur* ».[1] Claude Prévost, au contraire, était un homme ouvert et curieux, heureuse exception dans un temps marqué par la double impasse de l'universalisme abstrait ou du repli identitaire. Cet excellent germaniste avait lu également les romanciers russes, anglais, américains et espagnols. Mais depuis quelques années c'était à la prose romanesque de langue française qu'il vouait une attention privilégiée.

Aujourd'hui, je souhaiterais brièvement témoigner du rôle important qu'il a joué ces dernières années pour faire connaître en Allemagne la littérature française d'aujourd'hui. À plusieurs reprises en effet, depuis 1986, Claude Prévost a été invité par les instituts français en Allemagne pour y faire découvrir aux étudiants, universitaires, critiques littéraires, lecteurs, traducteurs ou tout simplement amoureux de notre langue les *Nouveaux territoires romanesques*, pour reprendre le titre de l'essai qu'il écrivit avec Jean-Claude Lebrun.[2] Après ses passages à Francfort, Karlsruhe, Berlin, Brème, Mayence, Hanovre, Sarrebruck ou Leipzig, mes collègues m'ont exprimé le plaisir éprouvé de trouver chez Claude tant de compétence alliée à tant de simplicité et de gentillesse. Des liens d'amitié ont été noués avec plusieurs d'entre eux. Combien d'utiles recommandations de lecture ne nous a-t-il pas fournies ? Nous savions que chacune de nos lettres déclencherait sa réponse dans les jours suivants. Par ses conférences, mais aussi au cours de longues conversations poursuivies pendant les repas, il aura grandement contribué à mieux faire apprécier outre-Rhin des écrivains réputés comme Claude Simon, Claude Ollier, Julien Gracq ou Robert Pinget. Mais c'est un peu grâce à lui aussi que des auteurs comme Michel Chaillou ou Paul Louis Rossi, Pierre Bergounioux ou François Bon, Pierre Bourgeade ou Annie Ernaux, Didier Daeninckx ou Alain Nadaud, Jean Echenoz ou François Salvaing ne sont plus des inconnus là-bas.

En 1989, lorsque la France fut l'invitée d'honneur de la Foire internationale du livre de Francfort, c'est à Claude que les éditions Luchterhand avaient confié le choix et la présentation de l'anthologie *Geschichten aus der Geschichte Frankreichs seit 1945*. Avec précision et chaleur, il savait communiquer son intelligence de la littérature, ouvrait des perspectives pour mieux faire saisir la complexité de l'ensemble sans jamais céder au schématisme. Il donnait envie de lire, ce qui n'est pas si courant dans la critique littéraire d'aujourd'hui. Derrière une pudeur teintée d'ironie, il avait en fait une relation passionnée, vitale, avec l'écriture contemporaine. Dans un texte écrit pour une publication de l'Institut français de Leipzig[3], il confiait en effet :
« *J'ai besoin, pour vivre autrement, des écrivains vivants, de tous pays et de tous âges – et singulièrement des romanciers français de la génération nouvelle. Leurs fictions doublent ma vie, élargissent ma pensée, mon expérience et mes rêves, la connaissance de la société qui est la mienne. J'ai besoin, pour mon plaisir aussi, de leurs histoires et de leurs personnages...* »
(1992)

[1] *Littératures du dépaysement*, EFR, 1979
[2] Messidor, 1990
[3] *Instants/ Augenblicke*, 1991

Avril 97. Dimanche dernier, vers 21h30, j'étais l'un des rares passagers de cet avion qui me ramenait de Berlin à Paris. Une annonce du commandant de bord nous signala que nous survolions Francfort sur le Main dont nous pouvions voir les lumières sur la gauche de l'appareil. Mais c'est à droite que la vue était la plus belle : à la ligne de démarcation occidentale entre le ciel et la terre, courait une mince lueur rougeâtre, les derniers feux du couchant. Et, tout là-haut, la comète.
J'avais passé le week-end dans le Brandebourg et à Berlin, heureux d'avoir revu mes amis mais regrettant que le temps trop court ne m'eût pas permis d'aller saluer Stephan Hermlin, comme j'en avais pris l'habitude lors de mes passages berlinois. La fois précédente, c'était en septembre.
Lundi, Volker m'annonçait au téléphone la triste nouvelle : Stephan Hermlin venait de mourir.
Les souvenirs de mes visites dans la villa de la Kurt-Fischer-Strasse (rebaptisée Hermann-Hesse-Strasse), qui s'étalent sur un quart de siècle, se fondent en une scène qui varie à peine : nous avons pris place sur le divan, Irina a servi le thé ou le café et nous parlons littérature et politique, à Paris et à Berlin.

Hermlin est au courant. Il s'informe directement en lisant la presse française et interroge le visiteur pour apprendre plus de détails. Gerhard Wolf a su décrire la façon dont Hermlin s'exprime dans ce genre de conversations : « Il me surprend toujours par ses jugements abrupts, ses réserves, voire même ses répulsions qu'il peut exprimer sur un ton sans appel. Nos regards se croisent alors : il devient plus véhément. Il cite un fait que nous qualifierions volontiers de « normal » et qu'il trouve « monstrueux » – et c'est souvent le cas ».

D'autres images me viennent en mémoire : le premier voyage que fit Hermlin en France après la fin de la seconde guerre. Il lui avait fallu attendre 1970 pour obtenir un visa du gouvernement français. Il est assis dans mon petit appartement de la rue de l'Arbalète et me demande de lui faire écouter un disque de Barbara. Puis sa lecture à la Maison de la poésie de Paris, au début des années quatre-vingt. C'est Pierre Seghers qui avait été à l'origine de cet hommage en deux soirées. Des comédiens avaient lu un choix de ses poèmes et de ses proses et Hermlin répondit aux questions du public en un français presque parfait.

Et puis un souvenir berlinois, à la fin de l'automne 1968. Dans le centre culturel tchécoslovaque – dont la direction, quelques mois encore après l'entrée des troupes soviétiques à Prague, n'avait pas encore été « normalisée », il participe à une lecture avec Reiner Kunze, Franz Fühmann, Bernd Jentzsch et Günter Kunert. La soirée a indéniablement le caractère d'une manifestation de solidarité avec le peuple tchécoslovaque et le « Printemps de Prague » étouffé pendant l'été.
C'est dans cette période qu'Hermlin s'est senti à nouveau particulièrement proche d'Aragon. Il pouvait en effet lire dans *Les Lettres françaises* une analyse des événements qui lui convenait bien mieux que celle fournie par la prose en béton du *Neues Deutschland*. Sa relation avec Aragon était déjà ancienne. Quand ce dernier mourut, en 1982, Hermlin écrivit qu'il avait lu en 1940 des poèmes du *Crève-Cœur*, qui préfiguraient la poésie de la Résistance. « A partir de ce moment je vis mon époque à la lumière du soleil de minuit de ces poèmes. Des *Yeux d'Elsa* jusqu'aux *Poètes*, aucun poète n'a légué avec une telle ampleur aux générations à venir les ténèbres, le désespoir, l'espérance, la vanité des temps ».

En cette année du centenaire d'Aragon, Stephan Hermlin prend congé de nous. Je n'ai nulle intention aujourd'hui d'évoquer une misérable polémique qui fut récemment montée contre lui. Je voudrais seulement mentionner une curieuse coïncidence. Je venais de saisir sur une étagère l'anthologie bilingue de la poésie allemande du Moyen-âge à aujourd'hui, réalisée par Jean-Pierre Lefebvre pour la bibliothèque de la Pléiade chez Gallimard et le livre s'est ouvert de lui-même à la page du magnifique poème d'Hermlin *Ballade de Dame Espérance*. J'ai songé alors à ces paroles de Stephan Hermlin : « Je sais que j'appartiens à une génération dont les espoirs se sont brisés. Mais ces espoirs n'ont pas pour autant à jamais disparu ».

Sur le poème de Hermlin *Les uns et les autres*

Il a su les nommer. Et nul vent ne pourra
Arracher de leurs poitrines ce mandat d'arrêt
Nous connaissons leurs noms, à ceux-ci, à ceux-là
Savons qui sont les uns, ce que les autres ont fait.

Nous sommes prévenus. Car en ces autres temps
Où tout change tellement, ceci pourtant demeure :
Si nous ne savons pas trancher à chaque instant
Nous périrons avant que notre chair ne meure

Si nous ne changeons pas pour devenir en somme
Des êtres différents qui désirent autre chose
Que ce que voient les uns qui furent d'autres
hommes

En leur temps. Mais le temps ne connaît nulle pause
À nouveau nous entendons le fracas des portes.
Et par les murs qui cèdent s'engouffrent d'autres
cohortes.

Au milieu des années soixante-dix, Volker Braun écrivit
ce sonnet en hommage à Stephan Hermlin.

Mon envie de traduire, de passer et de faire passer sur l'autre rive remonte à plus de quatre décennies. Deux motivations peuvent, je crois, l'expliquer.

Quand j'eus entrepris, avec plus ou moins d'application, l'étude de la langue, de la civilisation et de la littérature allemandes, il vint un moment où j'ai souhaité passer du rituel convenu de la « version » à un exercice de plus longue haleine, la tentative pour rendre en français des textes que j'aurais moi-même choisis. C'était au milieu des années soixante, j'éprouvais – et j'éprouve aujourd'hui encore – une grande admiration pour Bertolt Brecht, dont je découvrais non seulement le théâtre mais aussi la poésie. Mais l'équipe de traducteurs rassemblée par les éditions de l'Arche pour préparer l'édition française de son œuvre poétique était déjà constituée et, de toute façon, j'étais assez conscient de mon inexpérience pour me risquer déjà, fût-ce au sein d'un collectif, à aborder comme traducteur une œuvre aussi impressionnante. Un an après avoir passé deux semestres en République démocratique allemande à l'université de Leipzig, j'étais curieux de lire des poèmes d'auteurs est-allemands appartenant à la même génération que moi. Une femme, dont le jugement littéraire me paraissait fiable, attira mon attention sur un certain Volker Braun, né comme moi en 1939, lui dans les derniers mois d'une paix précaire, moi pendant la drôle de guerre. C'était, aux dires de mon interlocutrice, le poète le plus original de ce groupe, révélé deux ans auparavant par Stephan Hermlin lors d'une mémorable lecture à l'Académie des Beaux-Arts de Berlin-Est, groupe qui allait donner naissance à ce qu'on a appelé, au sein de la *Lyrikwelle*, de la vague de poésie, l'école poétique saxonne. Je me suis procuré un numéro de la revue *Sinn und Form* contenant des poèmes de Volker Braun et, avec un certain culot, j'ai entrepris d'en traduire quelques-uns parce qu'ils me plaisaient, que j'y décelais un ton nouveau et fort. J'avais le sentiment d'y découvrir un aspect de la modernité différent de ce que je lisais alors dans ma langue. Et puis ces textes, souvent provocateurs sans être obscurs, me laissaient en partie perplexe. Cette résistance éprouvée à la première lecture est inhérente, me semble-t-il, à la qualité d'une parole poétique. Et je dois dire que l'écriture singulière de Volker Braun, même après plusieurs décennies de familiarité, ne cesse de me surprendre, de me bousculer. Fin 1964, de passage à Leipzig, je cherchai donc à rencontrer ce jeune poète né à Dresde et j'eus la chance de le trouver, quelques heures avant qu'il ne parte en voyage avec sa femme. La sympathie fut immédiate et réciproque. Une durable et profonde amitié s'ensuivra. Quelques mois plus tard paraissaient dans la revue *action poétique* deux ou trois de mes traductions. Il y a longtemps que je ne les ai pas regardées mais je doute que je les laisserais réimprimer aujourd'hui sans les avoir retravaillées. Dans les années qui suivirent, je continuai à traduire ses poèmes et en 1970 parut aux éditions Pierre-Jean Oswald, dans la collection « La poésie des pays socialistes » dirigée par Henri Deluy, le choix bilingue intitulé *Provocations pour moi et d'autres*, que j'avais traduit et présenté. J'aurai par la suite l'occasion de publier chez différents éditeurs d'autres traductions de Volker Braun, poèmes ou proses. Mais la traduction de ces *Provocations* fut décisive. J'y travaillai de 1968 à 1969, durant un séjour d'un an à Berlin-Est au cours duquel je voyais régulièrement Volker pour aborder avec lui les difficultés que je rencontrais. Ce fut essentiel. Non seulement il m'évita des incompréhensions ou corrigea des erreurs que je pouvais commettre (aussi bien en raison des caractéristiques de son écriture que des particularités du contexte est-allemand) mais il sut, lors de ces séances de travail à Schöneweide où il habitait à l'époque, me familiariser avec sa poétique en train de s'affirmer.

J'ai évoqué deux motivations pour expliquer cette envie de traduire. Quelle était la seconde ?

Je la nommerais le besoin du détour par l'étranger. Au-delà du seul domaine allemand, d'ailleurs. Ce n'est pas un hasard si le choix de mes poèmes paru en 1994 en Allemagne est intitulé *Und wünschte kein Ende dem Umweg*, version allemande, due à Volker Braun, d'un vers d'un de mes poèmes du livre paru en 1970, *Les Gens perdus deviennent fragiles* et dont le texte français est : *sans désir de la fin de la parenthèse*. Après la publication, à l'automne 1961, de premiers poèmes dans un recueil collectif préfacé par Philippe Soupault, qui m'avait encouragé deux ans auparavant, j'ai traversé une période durant laquelle je lisais de préférence – voire exclusivement – des poètes étrangers, la plupart du temps d'ailleurs à travers des traductions françaises, puisque je n'étais ni en mesure de lire le turc de Nazim Hikmet, ni le tchèque de Nezval, ni le hongrois de Illyés. Ces exercices de dépaysement se sont poursuivis en Iran où les rudiments de persan que j'ai acquis sur place ne m'eussent certes pas permis de comprendre la poésie persane si je ne m'étais livré à des traductions/adaptations en compagnie de poètes iraniens francophones que je connus à Ispahan ou Téhéran. Sans doute avais-je gardé un vague contentieux avec la littérature française, sans doute éprouvais-je quelque malaise, en fait un manque d'assurance, face à ses grands *paons*. Mais ce fut précisément en Iran qu'une réconciliation s'amorça avec la poésie française. Le phénomène est connu, n'est-ce pas d'ailleurs cette expérience qu'évoquent déjà d'autres poètes ? Vallejo a écrit qu'il apprit à connaître le Pérou en Europe et Illyés a confié que c'est son séjour parisien qui fit de lui un Hongrois.

Qu'est-ce que la pratique de la traduction a apporté à l'écriture de mes poèmes ?
D'une façon générale, et ce constat vaut aussi bien pour la traduction régulière de mes auteurs de prédilection, Volker Braun ou Christa Wolf, que pour les diverses traductions ponctuelles d'autres poètes ou prosateurs, j'en ai tiré un certain savoir empirique sur le fonctionnement de la langue lorsque, continuellement, on est confronté aux difficultés à surmonter et aux solutions trouvées ou bricolées, qui ne sont que rarement totalement satisfaisantes. Et aussi un savoir tout court, un savoir particulier, qui n'est pas incompatible avec ce «métier d'ignorance» dont parle, je crois, Claude Royet-Journoud lorsqu'il définit ainsi l'activité du poète. Un salutaire dégrisement est toujours nécessaire après l'emballement et la spontanéité du premier jet. Une approche comparative des ressources propres de chaque langue de poésie : syntaxe, rythme, prosodie, rimes, images, inscription dans une histoire. Chez le poète étranger que nous traduisons, nous allons puiser ce qui nous enrichit, aussi bien par ce qui nous ressemble que par ce qui le distingue de nous.

Nous y cherchons l'étranger mais aussi le frère. Je voudrais également souligner l'intérêt des traductions collectives auxquelles j'ai pu participer, soit dans le cadre de l'Abbaye de Royaumont, soit, « en binôme », avec Gilbert Badia, lorsque nous avons traduit ensemble deux pièces de Volker Braun (le dialogue à haute voix est particulièrement propice à la traduction théâtrale), ou enfin lorsque, avec Renate Lance-Otterbein, j'ai traduit plusieurs livres de Christa Wolf, d'Ingo Schulze et *Le Roman de Hinze et Kunze* de Volker Braun. Cette entreprise fut sans doute l'une des plus stimulantes et des plus complexes car ce texte étonnant de contrebande, qui se réclame explicitement de Diderot et qui eut pendant plusieurs années maille à partir avec la censure est-allemande, fourmille de ruses, d'allusions et de jeux de mots. Je me souviens que lorsque Renate et moi eûmes apporté encore d'ultimes mais nombreuses corrections rouges sur le second jeu d'épreuves, l'éditeur Messidor eut l'élégance et la générosité de ne pas amputer, comme il en aurait eu le droit, nos honoraires de traduction.

Certaines particularités de ma poésie, relevées ça et là dans des recensions de mes livres, et notamment cette façon qu'on a dit singulière d'écrire une poésie politique, doivent sans nul doute beaucoup, par un réseau complexe d'interactions, à la fréquentation de l'œuvre de Volker Braun. Quelques-uns de mes poèmes naquirent d'un dialogue avec ce qu'écrivait mon ami, avec son engagement et ses interrogations. Sa réflexion, son écriture m'ont fortifié, elles ont élargi mon horizon. Et elles m'ont incontestablement beaucoup apporté pour comprendre ce que fut l'espoir puis l'échec du projet socialiste tel qu'il fut mis en œuvre au siècle précédent. C'est pourquoi je me réjouis d'avoir été le passeur d'une partie de cette œuvre fertile vers un public français certes encore trop restreint. Il y a quelques années, un haut responsable d'un établissement public financier français m'assura, enthousiaste, que la lecture des *Quatre Outilleurs* en apprenait bien plus long sur l'unification allemande que cent articles de presse.

Je dois ajouter que c'est en partie grâce à Volker que j'ai pu mieux apprécier des auteurs essentiels de la littérature allemande, comme Hölderlin ou Büchner.

Un jour, des amis écrivains berlinois, à qui je présentais le cher Maurice Regnaut, apprenant qu'il avait traduit aussi bien Rilke que Brecht, s'étonnaient de la cohabitation chez lui de ces deux univers poétiques aussi différents. Eh oui, sans Brecht, je serais demeuré dans la bêtise pathétique, leur répondit malicieusement Maurice. Pour ma part, je ne saurais dire exactement ce que je serais demeuré sans Volker Braun. Heureusement, je l'ai rencontré.

Wiepersdorf. Situé dans le Brandebourg, à environ 80 km au Sud de Berlin, ce château fut au XIXᵉ siècle la demeure du couple d'écrivains Ludwig Achim et Bettina von Arnim. Après la seconde guerre mondiale, ce lieu fut, du temps de la RDA, une résidence d'écrivains. On y accueille, à présent, également des artistes. J'y ai séjourné en juillet 2002.

Wiepersdorf 2002
Pour Richard Pietraß

Avant le matin le merle précède
Le piaillement de la plèbe à plumes.
La lumière gagne. Une mouche t'importune.
Noircir du papier, c'est bien la seule aide.

Chez Bettina nous vivons sans débours.
Lents sont les nuages sur le plat Brandebourg
Et trois fois par jour c'est la régalade
Tandis qu' à notre horizon dégrisé

Le monde poursuit sa dégringolade.
Un orage hier. Des branches brisées
Jonchent l'herbe près de l'étang aux cygnes
Résidence où de plein gré tu t'assignes.

Pour Gilbert Badia

C'est à Gilbert que je dois mes tout premiers pas dans l'exercice de traduction. Il y a quarante ans, lorsqu'il coordonnait pour les Editions sociales la publication en français de la correspondance entre Marx et Engels, il avait confié à plusieurs personnes (dont des étudiants germanistes comme Jean Guégan et moi) quelques lettres à traduire de l'allemand en français. J'ai, dès ce moment, aimé et admiré cet homme pour sa rigueur, sa droiture, sa générosité, son souci constant de stimuler le travail et la créativité de ses cadets. Pour son entrain aussi. Rien d'un mandarin. Communiste, actif dans la Résistance depuis les premiers mois de l'occupation (interpellé une première fois par la police de Vichy puis relâché faute de preuves, il sera à nouveau arrêté et emprisonné et c'est sa femme Simone qui organisera son évasion), ce jeune professeur d'allemand savait à quoi s'en tenir sur le nazisme. Enseignant d'abord au lycée puis à l'Université (il participe à la création de Vincennes), journaliste, historien, traducteur, il ne fut jamais un homme d'appareil. Il était ouvert à la contradiction, pouvait reconnaître s'être trompé, tenait compte de la réalité. Deux souvenirs, parmi d'autres. Au début des années soixante-dix, peu après la signature du programme commun de gouvernement des partis de gauche, les membres d'une délégation du parti d'unité socialiste (SED) au pouvoir en RDA viennent en France et se retrouvent pour un apéritif informel dans l'appartement parisien des Badia. Quand l'un des interlocuteurs est-allemands lâche cette phrase : « Bien sûr, nous comprenons nos camarades français, cet accord est tactiquement justifié, mais quand même, Gilbert, entre nous… », il s'attire cette verte réplique : « Mais non, nous ne sommes pas *entre nous*, et nous ne le serons plus jamais, ni maintenant ni plus tard. Le socialisme que nous voulons sera construit et vécu avec les autres, nos alliés comme nos adversaires politiques. Nous serons jugés par le peuple sur la justesse de nos actes, sur notre dévouement et notre compétence ! ». En 1979, dans la revue *Connaissance de la RDA* qu'il avait créée à l'université de Paris VIII, il publie à nouveau un reportage qu'il avait écrit vingt ans plus tôt à l'occasion du dixième anniversaire de la

République démocratique allemande et ajoute en note des commentaires où, sans se complaire dans l'autocritique, il convient de ses erreurs d'appréciation, de ses illusions de l'époque.

Ce n'est donc pas un hasard si, dans son œuvre de chercheur, d'historien et de traducteur consacrée à l'Allemagne, sa biographie de Rosa Luxembourg tient une place centrale.

Nous avons traduit ensemble deux pièces de théâtre de Volker Braun : *Die Kipper*, qui fut jouée au théâtre de Gennevilliers, et *Grosser Frieden*, l'une des œuvres majeures que le poète a écrites pour la scène, mais qui n'a malheureusement pas encore été montée en France. Ce travail m'a beaucoup appris. Nous nous retrouvions chez lui, à la campagne, discutions des difficultés, confrontions nos solutions, mettions à l'épreuve du « gueuloir » la pertinence de notre version française.

J'éprouve une immense tristesse en apprenant sa mort. Et sans doute le regret qu'il n'ait pas pris le temps d'écrire les souvenirs d'une vie aussi bien remplie.

(Novembre 2004)

Samedi 29 avril 2006

J'achève un bien trop court séjour à Berlin. Nous repartons demain matin. L'espace de cette ville réclamerait tellement plus de temps. Il est vingt-deux heures, la soirée de l'Académie des Beaux-Arts est loin d'être terminée. J'ai pu cependant assister aux deux premières lectures de cette « longue nuit » consacrée à Brecht : d'abord des lettres qu'il a écrites ou qu'il a reçues entre 1943 et 1948, lues par des membres de l'Académie, dont Christoph Hein, Walter Jens et l'étonnante comédienne octogénaire Inge Keller, ensuite neuf écrivains ont donné à entendre des poèmes de Brecht qu'ils avaient choisis. Günter Grass avait retenu, entre autres, le fameux bref poème intitulé *La solution*, écrit au lendemain de la répression des émeutes de juin 53 à Berlin-Est, et qui s'achève sur la question malicieuse : *Ne serait-il pas / Plus simple alors pour le gouvernement/ De dissoudre le peuple/ Et d'en élire un autre ?*
Volker Braun fut l'un des rares dont la prestation vigoureuse et sensible fut saluée par des applaudissements enthousiastes du public.

Quittant l'immeuble en verre de l'Académie, situé sur la Pariser Platz, je tourne le dos à la Porte de Brandebourg et marche vers l'Alexanderplatz en empruntant l'avenue Unter den Linden, où la statue équestre du roi Frédéric avait déjà repris sa place plusieurs années avant la chute du mur. Je longe le Palais de la République (vestige amianté de la RDA) que l'on est en train de démolir, puis me voici dans la Karl-Liebknecht-Strasse (cette rue, heureusement, a gardé son nom) où Volker et Annelie habitaient dans les années soixante-dix. Au bas de leur immeuble s'étalent à présent de criardes enseignes lumineuses: SHOPPING CENTER, MAC DONALD'S.

Je marche dans la nuit et, repensant à Günter Grass, je me souviens d'un article que j'avais commis sur lui, il y a plus de trente ans. Rendant compte alors de son livre *Journal d'un escargot* qui venait d'être traduit en France, je n'avais pas été tendre pour l'auteur du *Tambour,* car non seulement il racontait dans ces pages le rôle qu'il avait assumé en 1969 dans la campagne électorale du parti social-démocrate ouest-allemand, un parti qui, au gouvernement, avait mis en place les interdictions professionnelles contre les « extrémistes » (en fait, principalement les communistes) mais de plus – nous étions en 1974 – l'écrivain avait refusé de signer un appel contre la répression au Chili en compagnie de Peter Weiss sous prétexte que ce dernier exprimait des réserves sur les positions politiques de Soljenitsyne. Ma recension de l'ouvrage se terminait sur ce jugement qui ne s'embarrassait guère de subtilités : « Alors que de nombreux militants du SPD en viennent à critiquer l'anticommunisme de leurs dirigeants, il faut décidément être un homme du *Monde* pour voir en Günter Grass 'l'enfant terrible de la social-démocratie allemande' et pour ne pas entendre, derrière le rantanplan du tambour, la grosse caisse de l'idéologie dominante ». Lorsque j'avais apporté mon papier à l'hebdomadaire communiste auquel je donnais de temps à autre une critique d'un ouvrage récemment paru, le responsable de la rubrique culturelle me fit remarquer qu'il manquait un titre à ma diatribe. « Que dirais-tu de *Un gastéropode dans des salades anticommunistes* ? », me suggéra-t-il. Je trouvai la formule épatante.

Bien entendu, les années qui suivirent m'amenèrent à nuancer fortement mon point de vue d'alors. Notamment lorsque Günter Grass critiqua la façon dont s'était faite l'unification allemande et prit, en 1990, la défense de Christa Wolf quand celle-ci fut la cible de campagnes de dénigrement dans la presse ouest-allemande. Mon gastéropode dans les salades anticommunistes me restait sur l'estomac et j'éprouvais un sentiment qui ressemblait à du remords. Au début de ce siècle, l'occasion se présenta d'en parler directement avec celui que j'avais injustement mis en cause. Grass était venu, avec Daniela Dahn, présenter un livre à la Maison Heinrich Heine de Paris et, lors de la réception amicale qui suivit, je lui ai raconté l'anecdote. Il plissa les yeux, sourit, éclata de rire, leva son verre de vin et trinqua de bonne humeur avec moi. J'étais soulagé par cet épilogue.

Il faut toujours du temps, beaucoup de temps, pour que nos histoires avec l'Allemagne trouvent une heureuse conclusion.

Post-scriptum du 20 août 2006

Dans le jardin de Jean-Jacques et Ursula en Bretagne. Au-dessus du toit en ardoises, je vois s'accumuler les nuages gris sombre alors qu'un peu plus bas, entourée de vigne vierge, la vitre d'une fenêtre reflète l'ondoiement d'une branche au vent sur un ciel de cumulus et de trouées bleues. J'achève la lecture du *Journal* qu'écrivit Kurt Stern de 1939 à 1940, interné en France depuis la déclaration de guerre, avec d'autres Allemands, antifascistes comme lui, des réfugiés, des apolitiques mais aussi des partisans du régime nazi. Ce témoignage, qui vient de paraître aux éditions Aufbau à Berlin, avec une préface de Christa Wolf, quand sera-t-il traduit et publié en France ?
En ce moment les gazettes font leurs choux gras de la révélation faite par Günter Grass. Quelques jours avant la parution du premier volume de son autobiographie, *En pelant les oignons*, il a accordé un long entretien à la *Frankfurter Allgemeine Zeitung* pour commenter l'aveu qu'on trouve dans ce livre : dans les derniers mois de la guerre, il a combattu sous l'uniforme de la Waffen-SS. Je ne

peux m'empêcher de sourire en lisant l'expression qu'il utilise : « Il fallait que ça sorte ». C'est ce que j'aurais pu lui dire, mais sur le ton de la plaisanterie, lorsque je lui confessai à Paris cette outrance journalistique commise jadis par moi à son encontre.

On peut s'étonner du long silence de l'écrivain à propos de « ce mot et de la consonne double », qu'il ait attendu plus d'un demi-siècle pour dire toute la vérité sur cette brève période de sa vie quand, à peine sorti de l'enfance, il croyait encore dur comme fer à la propagande du régime hitlérien. Comme on pouvait s'y attendre, cet aveu tardif suscite une avalanche de commentaires fielleux, de mesquines explications (« s'il l'avait dit avant, cela lui aurait coûté le Nobel » ou bien : « c'est une opération de promotion de son nouvel ouvrage »), et de tentatives pour discréditer, sinon son œuvre, du moins des décennies d'engagement public contre l'occultation du national-socialisme et pour la démocratie. Et dans la Pologne actuellement dirigée par deux grotesques jumeaux réactionnaires et chauvins, certains, une minorité semble-t-il, ont même demandé à l'auteur du

Tambour de renoncer à son titre de citoyen d'honneur de la ville de Gdansk.
Cela passera, comme cette averse bretonne qui me chasse un instant du jardin.

Schüttelreim

Au début de l'automne 2006, j'eus la chance de recevoir à Francfort un prix, créé par la Maison de la littérature de cette ville et généreusement doté par une banque locale. La remise du prix s'est déroulée au quarante-quatrième étage de la tour où siège cette banque. Fortement enrhumé, fiévreux, la voix éraillée, j'ai dû prononcer un long discours de remerciement après les autres prises de parole et surtout la belle *Laudatio* qu'avait composée à mon intention Volker Braun. Comme pour atténuer quelque peu le formalisme obligé de ce genre de cérémonie, l'envie me vint de faire une petite plaisanterie avant de sortir de ma poche les feuillets de mon discours. Je lançai donc : « Es ist besser, Preise zu kriegen, als Kriege zu preisen. » Cette affirmation fort banale (il vaut mieux recevoir des prix que faire l'éloge des guerres) n'avait d'intérêt que dans sa forme : c'est ce qu'on appelle un *Schüttelreim*, littéralement « rime secouée », mais le dictionnaire donne la plupart du temps comme traduction française : contrepèterie. Ce qui est, somme toute, bien cela : l'art de décaler

les sons, comme on dit. Deux consonnes ou deux voyelles, ou parfois deux syllabes permutent. Vous en voulez un exemple simple ? *Du bist /Buddhist.* Mais à la différence de la contrepèterie française traditionnelle, qui demande à être décodée, sa cousine germaine est « dépliée », elle ne cache rien. Robert Desnos en aligna de bien belles dans *Rrose Sélavy* : « Le parfum des déesses berce la paresse des défunts ». Le Schüttelreim est une ancienne forme poétique qu'on repère dès le XIIIe siècle, mais à partir du XIXe siècle, c'est surtout dans des distiques – fréquemment égrillards – qu'on la retrouve. Jeu de société, genre mineur par excellence. Il paraît même que quelqu'un s'est amusé à réécrire le *Faust* de Goethe en Schüttelreimen…
Il n'empêche qu'au vingtième siècle un poète estimable, Erich Mühsam, a pris plaisir à proposer de nombreux distiques jouant sur le Schüttelreim. Il avait le tort d'être Juif et de gauche. Les nazis l'ont arrêté et assassiné en 1934 au camp de concentration d'Oranienburg.
Mais dites-moi, cher Docteur Freud, un Schüttelreim peut-il vous échapper comme un lapsus ? Oui, sans doute, comme le confirme l'anecdote

suivante. On m'a rapporté qu'un jour, lors d'une réception donnée en la résidence de l'ambassadeur de France en Allemagne, un haut personnage de notre république, apprenant la présence à cette soirée de Wim Wenders, réalisateur, entre autres, du film *Der Himmel über Berlin*, qui passa sur les écrans français sous le titre *Les ailes du désir*, a fendu la foule des invités pour venir lever sa flûte de champagne à la santé du cinéaste et lui tenir ce petit compliment : « cher maître, votre présence est un honneur pour nous. Et je tiens à vous dire combien j'ai aimé votre film *Les îles du désert* ».

Coupez !

Des noms allemands

« Monsieur Clovesoque » n'était pas un inconnu pour les lettrés parisiens de l'époque, qui avaient déjà pu lire quelques traductions de ce poète de Hambourg. Et l'Assemblée législative, en sa séance du 26 août 1792, le déclara même citoyen d'honneur de la Nation française. Hommage était ainsi rendu à …Friedrich Gottlieb Klopstock, dont l'œuvre mériterait une plus grande attention chez nous, plus de deux siècles après cette distinction, car elle a marqué l'écriture et la réflexion de nombreux poètes allemands contemporains, comme Johannes Bobrowski, Erich Arendt, Karl Mickel, Volker Braun ou Peter Rühmkorf.

« Il est vrai que je connais un peu les traditions françaises en ce qui concerne la littérature allemande : elle n'a jamais joué un grand rôle ici », déclarait Stephan Hermlin, lors d'un de ses passages à Paris. Le jugement est sévère, et contestable. Et l'on pourrait objecter que les malentendus ont joué dans les deux sens, si l'on se souvient qu'un médiateur aussi avisé que Heinrich Heine, tout ami de Nerval qu'il fût, semble avoir préféré

Béranger à Victor Hugo.
Cette phrase d'Hermlin me trottait dans la tête lorsqu'en mai 1981, invité aux rencontres poétiques de Münster en Westphalie pour parler des relations entre poètes contemporains de langue allemande et leurs homologues français, je dus convenir qu'elles n'étaient guère développées. L'invocation insistante de quelques grands noms (Hölderlin, Trakl, Rilke ou Celan) va de pair, chez nous, avec une ignorance assez générale de ce qu'écrivent les poètes allemands d'aujourd'hui. Cela n'a du reste rien d'extraordinaire ou de scandaleux, on pourrait faire le même constat à propos d'autres pays, à l'exception peut-être des Etats-Unis, dont la poésie actuelle est assez bien connue en France, c'était d'ailleurs le thème de l'intervention de Jacques Roubaud.

Mais serait-ce trop demander que sur une station de radio de service public consacrée à la culture on se décide au moins enfin à ne pas angliciser de manière incongrue les noms des écrivains de langue allemande ? Who is Mr. *Oualter* Benjamin ? Do you know Mr. *Piter* Handke ?

3 janvier 2007

Sous une pluie presque incessante nous revenons vers Paris, par petites étapes, à travers le nord de l'Allemagne. Hambourg. La grande exposition Caspar David Friedrich à la Kunsthalle. Dans une des salles, je me suis assis quelques instants devant une œuvre de 1821. Au centre de la toile, deux petites silhouettes masculines sont debout, nous tournant le dos, contemplant le lever de la lune sur la mer. Plus près, deux femmes assises, représentées de profil, sont assises à droite sur un rocher du rivage et observent les deux hommes et l'horizon où ciel et mer se rejoignent. Devant moi, un vieillard de haute taille s'est immobilisé face au tableau, je ne vois que son dos légèrement voûté et sa chevelure blanche bouclée. Dans mon dos, d'autres regards, sans doute.
Notre année s'est achevée à Berlin, aujourd'hui à nouveau la capitale de ce pays que je découvrais voici un peu plus de cinquante ans, à Tübingen. Lorsque j'arrivai dans cette ville, en septembre 1956, personne ne m'a parlé de Bertolt Brecht, qui venait de mourir quelques semaines plus tôt. Et

c'est justement à l'un des comédiens préférés de Brecht que l'Académie des Beaux-Arts de Berlin vient de rendre hommage en cette fin 2006, en lui consacrant une exposition et des projections. Erwin Geschonneck vit encore. Il a cent ans. Une biographie exemplaire, un siècle de l'histoire allemande. Sur l'une des affiches réalisées en 1954 par John Heartfield pour le Berliner Ensemble, on voit Helene Weigel tenant un drapeau rouge, entre Ernst Busch et Erwin Geschonneck : *La mère*, de Brecht, d'après Gorki. Quelques années plus tard, Geschonneck se consacrera essentiellement à une carrière cinématographique et deviendra l'un des acteurs les plus populaires du cinéma de la RDA. Certains films dans lesquels il a joué sont même connus en France, comme *Nu parmi les loups* ou *Jakob le menteur*. Erwin Geschonneck est né le 27 décembre 1906 en Prusse orientale, fils d'un cordonnier. La famille vient à Berlin pour tenter d'échapper à la misère. Mais la mère et plusieurs de ses enfants meurent prématurément. Le jeune Erwin parvient à survivre pendant les années de chômage et d'inflation en travaillant comme coursier, garçon d'ascenseur, menuisier dans un cirque, modèle pour un fabricant de chapeaux, puis il commence à jouer dans des troupes de théâtre d'agit-prop, il adhère au parti communiste en 1929, obtient un rôle de figurant dans le film *Kuhle Wampe* de Slatan Dudow (scénario de Brecht, musique de Hanns Eisler). Quand Hitler prend le pouvoir, le comédien s'exile en Pologne, à Prague – où il rencontre John Heartfield qui le fait poser pour un photomontage antinazi – et en Union soviétique, travaillant dans une troupe de théâtre juif. Expulsé d'Union soviétique en 1938. Lorsque la Tchécoslovaquie est occupée par les hitlériens, Geschonneck tente de gagner la Pologne, est dénoncé par un espion nazi, arrêté, envoyé au camp de concentration de Sachsenhausen puis à Dachau et Neuengamme. Il survit. Les SS embarquent 4.600 déportés sur le navire Cap Arcona qui est bombardé le 3 mai 1945 par l'aviation alliée dans la baie de Lübeck. Seulement 350 prisonniers échappent au naufrage, Geschonneck est de ceux-là. Il reprend sa carrière théâtrale à Hambourg, participe à une commission d'épuration antinazie, remporte un grand succès dans le rôle principal de la pièce *Bürger Schippel* de Carl Sternheim. Puis il va à Berlin rencontrer le metteur en scène Wolfgang Langhoff, qui dirige le Deutsches Theater, mais c'est dans le théâtre de Brecht, le Berliner Ensemble, que Geschonneck va accomplir une brillante carrière : on le retrouve dans les principaux rôles des pièces du répertoire : *Le Précepteur*, *Mère Courage*, *Les fusils de la mère Carrar*, *Le cercle de craie caucasien*, *Puntila et son valet Matti*…

Le 27 décembre 2006, Geschonneck est venu fêter ses cent ans à l'Académie des beaux-Arts de Berlin, entouré de centaines d'amis et d'admirateurs.

Longtemps l'Allemagne.

> *Ce dont un poème doit témoigner, c'est ceci : ni du senti-*
> *ment luxueux d'une immunité personnelle, ni du côté*
> *bon genre et rassasié d'un avocat de la société, mais de*
> *cette conscience en alerte d'un contemporain tiraillé*
> *entre des conceptions contradictoires de valeur et de*
> *non-valeur.*
>
> Peter Rühmkorf

Peter Rühmkorf est mort le 8 juin 2008 dans la maison de campagne du Schleswig-Holstein où il s'était retiré avec son épouse Eva-Maria, depuis que le cancer l'avait obligé de quitter sa maison située sur les rives de l'Elbe, à Hambourg. Il était né le 25 octobre 1929, enfant naturel d'une institutrice et d'un montreur de marionnettes. Il avait eu pour parrain le théologien protestant Karl Barth. Après des études de lettres à Hambourg, il avait participé à la création du mensuel de la gauche étudiante ouest-allemande, *konkret*. C'est dans cette publication que j'ai d'ailleurs lu, au début des années soixante, ses premiers articles sur la poésie. Dans ces chroniques intitulées « L'abattoir de poésie de Leslie Meier », il faisait déjà preuve d'une très grande compétence en poétique et d'un remarquable talent de polémiste. Engagé dans le mouvement de la gauche extra-parlementaire, il est alors, avec Enzensberger, l'un de ces jeunes gens en colère contre l'étouffant climat de restauration qui marque les années Adenauer. Pendant quelques années, il est lecteur aux éditions Rowohlt avant de se consacrer complètement à son œuvre. Celle-ci comprend de nombreux titres de poésie, des essais ainsi qu'une sorte de volumineux journal. Quelques semaines avant sa mort, il publiait son dernier recueil, dont le titre exprime bien son approche sarcastique du lyrisme poétique : *Paradiesvogelschiß* (Fiente d'oiseau de paradis).

Je me souviens aussi de ce qu'avait fait Peter Rühmkorf au début de l'été 1979. Invité à un « Congrès mondial de la poésie » qui se déroulait en Corée du Sud, pays alors dominé par une dictature qui emprisonnait ses poètes, il avait lu en public un poème d'un des auteurs incarcérés.

Son œuvre lui a valu de nombreuses distinctions littéraires, dont la plus prestigieuse, le Prix Georg Büchner. Le lendemain de sa mort, on apprenait que le prix littéraire d'humour grotesque de la ville de Kassel allait lui être attribué… à titre posthume. À l'annonce de sa disparition, de nombreux poètes allemands qui comptent (Durs Grünbein, Volker Braun, Hans Magnus Enzensberger, Hans-Ulrich Treichel notamment) ont salué l'importance et la singularité de son œuvre dans la littérature allemande contemporaine. Enzensberger conclut ainsi son hommage : « il était si intimement attaché aux mamelles de notre langue qu'il se trouva peu de téméraires pour traduire ses vers dans les idiomes de Paris, New York et Pékin. Mais nous, qui restons après lui, pouvons nous consoler en nous disant : c'est encore plus dommage pour tous ceux qui ne comprennent pas l'allemand ! Il est donc et restera nôtre. »

C'est effectivement la constatation que l'on peut faire en France : à ma connaissance, il n'existe aucun livre de Rühmkorf traduit ici. Il y a un quart de siècle, dans le numéro 89-90 de la revue *action poétique*, où j'avais rassemblé des poètes de langue allemande, nous avions donné à lire quelques poèmes de Peter Rühmkorf. Almuth Grésillon et moi le présentions ainsi : « En dépit de l'audience qu'il connaît en République fédérale, Peter Rühmkorf est pratiquement inconnu en France. Cela peut s'expliquer en partie par sa

poésie : souvent baroque, elle combine d'une part références littéraires, allusions à un hors-texte pas toujours familier à un étranger, néologismes propres à la société actuelle, jargon des mass-média ; d'autre part cette poésie se distingue par un travail sur le matériau de la langue en jouant avec elle et en se jouant d'elle : innovations au plan de la rime, créativité lexicale, réactualisation du sens originel des mots. Tout cela rend une entreprise de traduction assez problématique. En dehors de ses livres de poèmes, Rühmkorf a également publié de nombreux essais sur la poésie, qu'il s'agisse de ses aspects techniques (la rime, par exemple), de son rapport à la politique ou bien d'une de ses manifestations les plus profanes et les plus populaires : celle des Volkslieder, des comptines ou des slogans publicitaires détournés en refrains obscènes ou contestataires ».
Lorsque j'avais demandé à Peter Rühmkorf l'autorisation de faire traduire quelques-uns de ses poèmes pour le numéro de notre revue, il m'avait aussitôt répondu favorablement, ajoutant toutefois qu'il serait sans doute impossible de traduire des poèmes rimés. Et pourtant Claude Adelen,

dans la version du poème qui suit, me semble avoir relevé le défi d'une manière convaincante.

Tremble et serre les dents

Or donc : à qui premier, à qui deux, qui ter,
À tous les insensés, les réfractaires,
À peine debout, déjà chancelants,
Hier incendie et demain en cendres :
Tête, en tête de mort qui vas descendre,
Tant que tu vis, tremble – et serre les dents

Ils nous empestent l'eau, l'air et la terre,
Hardi progrès ! Vite ! pater noster –
Avant qu'ils te possèdent, toi, avant
D'être pris, de marcher dans leur combine,
Attendant que l'or couvre la vermine,
Tant que tu vis, tremble – et serre les dents !

Bravo ! Comme les vivants se frottent !
Toujours le cœur et les reins sous la botte ;
Qu'est devenu l'amour, le cœur, le cran ?
L'accroupi veut voir les autres par terre.
(Au fond à quoi bon tellement t'en faire)
plus redouté, plus vrai, le danger semble,
tant que tu vis, tremble, - et serre les dents !

Sans rien savoir de la victoire, - effort !
À bâbord Scylla, Charybde à tribord,
Le cours de l'Odyssée est fluctuant,
Perpétuellement afflue l'enfer,
Et toi dedans, cherche-les donc, tes frères !
Ensemble la nuit, le péril ensemble,
Prompt et pressant,
Tant que tu vis, tremble, - et serre les dents !

Dans son ultime recueil de poèmes, *Paradiesvogelschiß*, Peter Rühmkorf avait composé cette épitaphe :

Lorgnez pas d'un air idiot dans la fosse.
Entrez donc ! Mais d'abord on se déchausse.
Juste quelques pelletées de terre bien tassée
Et la vallée des larmes, c'est du passé.

En ce temps-là
Quand je voulais devenir un oiseau
Pour son vol et pour son chant
Mes tentatives désespérées
Dans les arbres
Et au grenier
Tandis que dans le ciel cela faisait longtemps
Que chantaient des avions de reconnaissance
Mes copains d'école
Bricolaient de lourdes maquettes
Surtout des bombardiers

Qui arrivèrent eux aussi

Ce poème intitulé *Evocation*, fut écrit par quelqu'un qui a connu la guerre, enfant. C'est **Werner Dürrson**, qui nous a quittés le 17 avril 2008. Né en 1932 en Forêt-Noire, il habitait en Souabe depuis plusieurs décennies. Pendant une vingtaine d'années, il a assuré une chronique littéraire à la radio de Stuttgart. Dans les années soixante, il avait vécu en France, notamment à Poitiers, lecteur d'allemand à l'université. Après des années d'apprentissage où il étudia et pratiqua la musique, il continua d'entretenir une longue correspondance avec Hermann Hesse, qui l'avait encouragé dans son projet d'écriture. Il a publié, à partir des années soixante, plusieurs dizaines de livres, poèmes, essais, nouvelles et traductions. On lui doit notamment des traductions en allemand de Marguerite de Navarre, Rimbaud, Henri Michaux et René Char. Il avait d'ailleurs été invité à Paris pour le centenaire de ce poète et, quelques années auparavant, il fut l'un des participants de la Biennale internationale des poètes en Val de Marne. À l'automne 2007, il avait publié, aux éditions Klöpfer & Meyer, son livre *Lohmann oder die Kunst sich das Leben zu nehmen*, une autobiographie romancée. De 2004 à 2006 il fut l'un des animateurs de notre atelier de traduction collective de poésie créé au Luxembourg par Jean Portante, en compagnie d'autres poètes comme Lionel Ray, Magda Carneci, Linda Maria Baros et Richard Pietraß.

J'avais fait sa connaissance à la fin de l'été 1981, aux rencontres de poésie de Struga, sur les bords du lac d'Ohrid, en Macédoine, qui faisait encore partie de la Yougoslavie. Werner était très engagé dans le mouvement pacifiste. L'installation des missiles à l'Ouest et à l'Est faisait en effet planer le risque d'un conflit nucléaire au cœur de l'Europe. Werner avait apporté l'appel contre le surarmement, signé par de très nombreux écrivains allemands, et le soumettait à l'approbation des poètes rassemblés à cette occasion. Alors qu'on aurait pu penser qu'une telle initiative n'allait pas à l'encontre de la politique extérieure yougoslave, Werner s'était fait rappeler à l'ordre par un des apparatchiks chargés de veiller au bon déroulement du festival ! En tout cas, la Yougoslavie non-alignée semblait avoir voulu respecter la parité entre les deux Etats allemands puisqu'elle avait invité deux poètes de la RFA (dont Werner) et deux poètes de la RDA (dont Eva Strittmatter). Ils étaient souvent ensemble, profitant de ces journées en terrain neutre pour échanger leurs expériences et leurs points de vue.

Lorsque, le festival terminé, les participants étrangers s'apprêtaient à monter dans l'avion qui devait les conduire de Skopje à Belgrade, il s'avéra qu'il manquait une vingtaine de places dans l'appareil. Il fallut réquisitionner d'urgence un autocar pour emmener vers la capitale, et à très vive allure, les poètes étrangers qui ne devaient pas manquer leur correspondance à Belgrade. Je revois nos amis allemands, de l'Est et de l'Ouest, assis ensemble au fond du car, hochant la tête et se rejoignant dans le même jugement critique porté sur les organisateurs locaux : « Typisch Balkan ! »

Pour une fois l'Autriche

À trois reprises, j'ai failli voir Vienne. La première fois, j'ai passé quelques heures au restaurant de son aéroport, dans l'attente d'un avion italien, retardé à Milan par des grèves, qui devait m'amener à Berlin-Est. La seconde fois, nous rentrions en voiture de Budapest à Munich et avions l'intention de nous arrêter dans la capitale autrichienne pour y voir des peintures. Mais lorsque nous avons découvert dans le guide de Vienne que le musée allait fermer peu après notre entrée dans la ville, nous avons poursuivi notre route. Et il y a quelques années enfin, nous n'y avons passé que quatre ou cinq heures d'une brève escale avant de reprendre un autre aéroplane en direction de Téhéran. Grand événement, donc, en cet automne 2008 : ma première nuit à Vienne ! L'occasion m'en fut offerte par une invitation à participer à une table ronde qui réunissait au Literaturhaus quelques traducteurs du grand poète autrichien Ernst Jandl. Avec le Cubain Francisco Diaz Solar et le Hongrois Sandor Tatar, nous avons évoqué les problèmes que soulève la traduction de ces poèmes. En fait, je n'ai en tout traduit que cinq ou six poèmes de Jandl. Mais j'ai eu le plaisir, au début des années quatre-vingt, de présenter la lecture-performance qu'il fit dans la librairie de Nicole Bary, *Le Roi des Aulnes*. Après cette rencontre, j'étais encore plus scandalisé qu'aucun choix représentatif de la poésie de Jandl n'existât en traduction française. J'ai suggéré à un responsable d'une prestigieuse maison d'édition germano-pratine de publier un livre du poète viennois. « Intraduisible ! », me fut-il répondu. Je rétorquai qu'on pouvait distinguer en gros trois groupes dans l'œuvre de Jandl. Dans le premier, on trouve des poèmes dont la traduction ne présente pas de difficultés insurmontables. Les poèmes du second groupe exigent certes des transpositions pour lesquelles je proposai même de réunir deux ou trois autres poètes français, y compris des non-germanistes, mais dont la virtuosité verbale permettait de penser qu'ils parviendraient à de belles recréations. Enfin on pouvait ajouter au choix quelques poèmes visuels ou sonores qui seraient présentés sans traduction, une note d'explication sur le fonctionnement suffirait alors. Je ne pus convaincre mon interlocuteur.

Une vingtaine d'années plus tard, j'ai vraiment cru que cet ancien désir de voir un livre d'Ernst Jandl publié en France allait être exaucé. Quelqu'un qui dirigeait une collection de poésie me proposa de procéder à une sélection de poèmes et de me lancer dans la traduction. Nous étions d'accord sur le choix, l'éditeur (allemand et non autrichien !) avait accepté de céder les droits pour une somme symbolique. Mais peu après, le poète que je connaissais perdit la direction de sa collection et il ne fut plus question de faire ce livre. De quoi lâcher un gros mot. Eh bien ! tiens, justement, donnons à lire ce poème du grand Ernst Jandl, qui nous a quittés en juin 2000.

La machine à merde

la machine à merde est pour l'essentiel en toi
miracle de la création, merveille chancelante
tu n'es ni son ingénieur ni son inventeur
mais son propriétaire, gardien et profiteur

*de la bouche au dedans c'est une très longue voie
par des sacs et des méandres, des tuyaux en pente
que tu n'aimes pas voir extirper au grand air
si ce n'est pour barrer le chemin au cancer*

*pour le nez et la langue d'une saveur différente
les aliments font leur entrée en toi, ô homme,
et tout ton organisme va se remplir de vie
pour unifier ensuite ce qui, du cul, jaillit*

*c'est à partir de là que tu te charges en somme
de la machine à merde, ô homme qu'on glorifie
construisant, pour y gémir assis, des coquilles
installant des égouts où les rats s'éparpillent.*

Quarante ans après

Jusqu'au début de l'été 1968, je vivais en Iran. C'est donc de fort loin que j'ai suivi les événements qui agitèrent alors la France, où je revins peu avant le 14 juillet. Pendant les deux années passées à Ispahan et à Téhéran, j'avais commencé à apprendre le persan mais quelque peu oublié mon allemand. J'envisageai donc un séjour d'un an en Allemagne pour être en mesure d'achever mes études. Une amie germaniste me proposa de lui succéder dans le poste à mi-temps qu'elle occupait à Berlin-Est. C'était à la rédaction du mensuel *Echo d'Allemagne*, une revue destinée à un lectorat francophone, essentiellement français et belge. Alors que la France n'avait pas encore reconnu diplomatiquement l'autre Etat allemand, cette publication s'efforçait de favoriser la connaissance de la RDA en publiant des articles sur l'actualité politique, économique, culturelle, sans oublier le sport et la philatélie. La petite équipe rédactionnelle était composée d'une directrice qui avait connu l'émigration antifasciste allemande à Paris avant la seconde guerre mondiale puis avait survécu à la déportation, de deux rédactrices est-allemandes et de trois traductrices ou traducteurs venus de France. Le matin, j'étais à la rédaction, mon après-midi était libre pour préparer le concours du CAPES d'allemand mais surtout pour écrire et traduire.

Au retour d'Iran, j'avais acheté à Paris une Skoda d'occasion avec l'intention, l'automne venu, de rejoindre Berlin en voiture.

Mais cette brave automobile a-t-elle été traumatisée par l'annonce de l'entrée des troupes du Pacte de Varsovie à Prague, le 21 août ? Toujours est-il qu'elle rendit l'âme quelques semaines après. Je décidai donc de prendre l'avion.

Je traînai encore quelque temps en France, au point que novembre était déjà commencé lorsque je débarquai à l'aéroport de Berlin-Schönefeld, rassurant les collègues de la revue : elles avaient déjà pensé que je ne viendrais plus, puisque je condamnais l'intervention militaire qui mettait un terme au Printemps de Prague.

Je logeais dans la Chorinerstrasse. À cette époque, ce coin du Prenzlauerberg n'était pas encore le rendez-vous des milieux littéraires et artistiques alternatifs ou dissidents de la nouvelle génération est-allemande, et encore moins le quartier assez chic qu'il est devenu après l'unification. Au quatrième étage, dans l'arrière-cour d'un immeuble assez délabré, je disposais d'un petit appartement chauffé par un poêle en faïence (il fallait monter de la cave les briquettes de lignite) pour le loyer modique de 40 marks Est par mois. Mon camarade algérien Hafid nous y régala un soir d'un fameux couscous.

Presque chaque semaine, je me rendais chez Volker Braun. Avec sa femme Annelie et leur fille Arne, il habitait dans la banlieue ouvrière de Schöneweide. Nous travaillions à la traduction de ses poèmes et évoquions ouvertement la situation politique. Un jour, j'ai rencontré chez eux un critique littéraire du *Neues Deutschland*, l'organe quotidien du parti. Nous avons parlé de mai 68 en France. Cet homme a essayé de me faire comprendre que le parti communiste français n'avait pas su tirer les leçons de la Commune de Paris et qu'il eût fallu songer à prendre le pouvoir par les armes…

Une époque touchait à sa fin. Nous étions à peine deux décennies après la création des deux Etats allemands. Et plus de vingt ans avant que le Mur ne tombe. Le 26 novembre, mourait l'écrivain Arnold Zweig. L'auteur d'*Education devant Verdun* et de *La hache de Wandsbek* était revenu dans la zone orientale après son exil en Palestine pendant le nazisme.

Je fréquentais un peu les milieux littéraires et ceux de la presse, les orthodoxes comme les opposants. Je me souviens qu'une journaliste (qui faisait partie de la seconde catégorie) m'avait emmené au Berliner Ensemble voir la mise en scène du *Brave soldat Schweyk dans la seconde guerre mondiale*. Le rapprochement des événements historiques ne manquait pas de sel.

Novembre soixante-huit
Vivre un an dans l'enclos du socialisme réel
La nuit gagne
Prague normalisée
Sous le ciel du lit partagé
Madame a retiré ses bottes

La Maison de la culture tchécoslovaque, située dans la Friedrichstrasse, était encore dirigée par un sympathisant du Printemps de Prague. Je me souviens de la projection du film *Trains étroitement surveillés*. Le directeur présenta le film avec l'humour tchèque : l'action se passe, dit-il, pendant l'occupation de notre pays… Je veux dire pendant l'occupation fasciste…

J'ai proposé à la rédaction d'*Echo d'Allemagne* de diversifier le contenu de la revue. Après bien des hésitations, on m'a permis de faire un reportage sur la place du jazz en RDA, ce qui était encore un sujet sensible. Je n'eus en revanche aucune difficulté à faire passer un reportage sur la gastronomie à Berlin-Est. C'était agréable : j'allais manger aux frais du journal dans quelques rares restaurants de qualité, comme le fameux *Ganymed*, situé non loin du Berliner Ensemble, et mes articles étaient payés ! Un jour, Anna M. me proposa d'aller rendre visite au poète Reiner Kunze, dans sa petite ville de Greiz, en Thuringe. Quelques temps après, je donnai à *action poétique* une chronique intitulée *Lettre de Berlin (RDA)* que je signai d'un pseudonyme, anagramme de mon nom : A.Nelac. L'article parut dans le numéro 40 du premier trimestre 1969. Il commençait ainsi :

« Si les répercussions du vingt et un août ont été ressenties un peu partout (suspensions de publications, remaniements de dernières minute, etc.), le hasard a quand même réalisé une de ces opérations diaboliques dont il a le secret. Quelques

heures avant cette nuit où les troupes fraternelles franchissaient la frontière tchécoslovaque, les éditions Neues Leben sortaient un mince recueil de poèmes de Reiner Kunze. Pour apprécier tout le sel de l'affaire, il faut savoir que Kunze, retiré depuis quelques années dans une petite ville de province, est l'un des connaisseurs et traducteurs de la nouvelle poésie tchèque et slovaque. Et si l'on précise que son dernier recueil est précédé de quelques mots de présentation de Milan Kundera (l'auteur de *La Plaisanterie* s'est fait ici une solide réputation de contre-révolutionnaire), on appréciera cette merveilleuse réussite de hasard objectif. *Poesiealbum* étant distribué, comme les journaux, par tout le réseau des kiosques, il était difficile d'en suspendre la vente sans éveiller l'attention. On a donc laissé faire, en évoquant le moins possible le fatidique numéro 11 de la collection. C'était le premier recueil de Reiner Kunze paru en RDA depuis longtemps. »
Dans la suite de la chronique, je rendais également compte de nouvelles parutions de Sarah Kirsch et de Wulf Kirsten et j'annonçais la publication prochaine du second livre de poèmes de

Volker Braun, *Wir und nicht sie*. En 1970, Volker écrivit sa pièce *La Mort de Lénine*. Elle a dû toutefois attendre 1988 pour être enfin montée au Berliner Ensemble. Mais c'est une autre histoire.

Juillet soixante-neuf en l'été berlinois
À deux pas du mur, Heinrich-Heine-Strasse
Ce joint du Laos t'envoie en l'air
Tandis qu'à l'écran le premier homme
Rebondit au ralenti sur la poudre lunaire.

En septembre 69, après trois ans *sans désir de la fin de la parenthèse*, j'ai retrouvé Paris.

Du même auteur :

Poésie

Les Gens perdus deviennent fragiles, *Pierre-Jean Oswald*, Honfleur, 1970
L'Ecran bombardé, *Action Poétique*, Honfleur, 1974
Les Réactions du personnel, *Les Editeurs Français Réunis*, Paris, 1977
La Première atteinte, *La Répétition*, Paris, 1979
Ouvert pour inventaire, *Pierre Belfond*, Paris, 1984
Comme une frontière, avec un dessin de Pierre Getzler, *L'Atelier des Grames*, Gigondas, 1989
Distrait du Désastre, *Ulysse fin de siècle*, 1995 (Prix Tristan Tzara, 1996)
Documents de douane/Zollpapiere, livre d'artiste avec Sarah Wiame, *Céphéide*, 1999
Temps criblé, *Obsidiane/le Temps qu'il fait*, 2000. (Prix Apollinaire 2001)
Chronos, livre d'artiste réalisé par Wanda Mihuleac. Poèmes en édition trilingue (version allemande : Volker Braun, version anglaise : Geoffrey Squires). *Signum*, 2002
Le Temps, livre d'artiste réalisé par Odile Levigoureux. *Transignum*, 2004
Europa incognita, livre d'artiste réalisé par Wanda Mihuleac. *Transignum*, 2004
Brefs du vingtième, *Tarabuste*, 2004
Quatrains pour Esteban, *Tarabuste*, 2005

Traductions

Volker Braun : Provocations pour moi et d'autres, *Pierre-Jean Oswald*, Honfleur, 1970
Franz Fühmann : L'auto des Juifs, *les éditeurs Français Réunis*, Paris, 1975
Volker Braun : Contre le monde symétrique, *Les Editeurs Français Réunis*, Paris, 1977
Volker Braun : Rêves et erreurs du manoeuvre Paul Bauch aux prises avec le sable, le socialisme et les faiblesses humaines, en collaboration avec Gilbert Badia, pièce représentée à Gennevilliers en 1979

Christa Wolf : AUCUN LIEU. NULLE PART, en collaboration avec Renate-Lance-Otterbein, *Hachette-P.O.L.*, Paris, 1981. Réédité chez *Alinéa* puis chez *Stock*.
Christa Wolf : CASSANDRE, en collaboration avec Renate-Lance-Otterbein, *Alinéa*, Aix-en-Provence, 1985. Réédité chez *Stock*.
Volker Braun : LE ROMAN DE HINZE ET KUNZE, en collaboration avec Renate Lance-Otterbein, *Messidor*, Paris, 1988
Volker Braun : LE PONT EN ZIG-ZAG, *Les Cahiers de Royaumont*, 1990
Volker Braun : PHRASE SANS FOND, *Actes Sud*, Arles, 1993
Christa Wolf : ADIEU AUX FANTÔMES, *Fayard*, 1996
Christa Wolf : MÉDÉE, en collaboration avec Renate Lance-Otterbein, *Fayard*, 1997
Volker Braun : LES QUATRE OUTILLEURS, *L'Inventaire*, 1998
Ingo Schulze : HISTOIRES SANS GRAVITÉ, en collaboration avec Renate Lance-Otterbein, *Fayard*, 1999
Christa Wolf : ICI MÊME. AUTRE PART, en collaboration avec Renate Lance-Otterbein, *Fayard*, 2000
Ingo Schulze : 33 MOMENTS DE BONHEUR, en collaboration avec Renate Lance-Otterbein, *Fayard*, 2001
Volker Braun : poèmes dans l'anthologie APRÈS L'EST ET L'OUEST, *textuel*, 2001
Christa Wolf : LE CORPS MÊME, en collaboration avec Renate Lance-Otterbein, *Fayard*, 2003
Volker Braun : CE QU'ON VEUT VRAIMENT, *L'Inventaire*, 2003
Christa Wolf : ASSOCIATIONS EN BLEU et Ingo Schulze : PORTABLE, en collaboration avec Renate Lance-Otterbein, in RACONTER DES HISTOIRES, *Grasset*, 2005
Christa Wolf : UN JOUR DANS L'ANNÉE, en collaboration avec Renate Lance-Otterbein, *Fayard*, 2006
Ingo Schulze : VIES NOUVELLES, en collaboration avec Renate Lance-Otterbein, Fayard, 2008

Achevé d'imprimer
sur les presses des Editions TARABUSTE
à SAINT-BENOÎT-DU-SAULT *(Indre)*
en juin 2009

***

**LONGTEMPS
L'ALLEMAGNE**
Nouvelle édition revue et corrigée
ISBN : 978-2-85487-188-5

***

Dépôt légal : 1ᵉʳ semestre 2009
© Ed. TARABUSTE pour la présente édition